非上場株式の相続と会社法

－評価・遺産分割・換価・経営参加の法律実務－

編著　加藤　真朗（弁護士）

新日本法規

は　し　が　き

　私は『相続人・相続分　調査・確定のチェックポイント』（新日本法規出版、2019年）という書籍の編集に関わらせて頂いています。この書籍は、法改正や新たな判例を反映し最新の情報にアップデートするために毎年追録を発行する、いわゆる加除式と呼ばれるものです。その追録の打ち合わせの中から本書の企画が始まりました。私は会社法関係の裁判を比較的多く経験してきましたが、そのうちのかなりの部分を占めるのが非上場の同族会社における少数株主と会社、少数株主と支配株主の争いです。そしてこれらの争いは相続と無関係ではありません。たとえば少数株主が非上場株式を保有した原因が相続や相続対策である例、紛争の発端が相続である例、相続争いの一環として会社が紛争に巻き込まれた例が見受けられます。このような経験談から、相続、特に非上場株式の相続と会社法との関係を取り上げるという本書の企画が生まれたのです。

　相続法は税金との関係もあってそれ自体大変奥が深いものですが、多くの弁護士が一度は取り扱ったことがあるいわば敷居の低い分野と言えます。一方の会社法は、取り扱っている弁護士が限定される分野ではないでしょうか。大相続時代も本格化し、非上場株式が関係する相続もさらに増加するでしょう。相続に関する相談を受ける弁護士としては、クライアントの利益のために適確かつ多角的な視点で助言できるように会社法の知識を今一度確認しておくことが望ましいのではないでしょうか。

　本書は、弁護士向けの法律実務書であり、サブタイトルのとおり、遺産分割・遺留分の算定で問題となり得る非上場株式の評価、保有する非上場株式の換価方法、非上場株主による経営参加に焦点を当てています。しかし、各章冒頭の概説において関係する基本的知識につい

て平易に解説した上で、具体的事例を用いた設例に回答するという形で構成されていますので、相続に関わる司法書士・税理士の方々にも容易にご理解いただけるものとなっています。

　また、本書は少数株主側の立場で設例を統一していますが、いわば"裏表"の関係に立つ会社や支配株主側で関わる専門家の方にとっても参考になるものと確信しております。

　本書をクライアントの利益のために役立てていただけたならば、執筆者にとって望外の喜びです。

　最後となりますが、新日本法規出版株式会社の宇野貴普氏、加賀山量氏のご尽力がなければ本書が世に出ることはありませんでした。宇野氏がいらっしゃらなかったらこの企画はそもそも存在せず、後任の加賀山氏がいらっしゃらなかったら書き終えることができたのか定かではありません。この場を借りて両氏に深く御礼申し上げます。

　令和7年3月

　　　　　　　　　　　　　　　弁護士　加　藤　真　朗

編集者・執筆者一覧

〈編集者〉

加藤　真　朗（弁護士）

〈執筆者〉

加藤　真　朗（弁護士）

太井　　徹（弁護士）

吉田　真　也（弁護士）

佐野　千　誉（弁護士）

金子　真　大（弁護士）

坂本　龍　亮（弁護士）

浅井　佑　太（弁護士）

川岡　倫　子（弁護士）

川上　修　平（弁護士）

略　語　表

<法令等の表記>

　根拠となる法令等の略記例及び略語は次のとおりです。〔　〕は本文中の略語を示します。

　　会社法第125条第3項第1号＝会社125③一

会社	会社法	租特	租税特別措置法
会社則	会社法施行規則	民	民法
会社計算	会社計算規則	民執	民事執行法
会社法整備	会社法の施行に伴う関係法律の整備等に関する法律	民訴	民事訴訟法
		民訴費	民事訴訟費用等に関する法律
家事	家事事件手続法	民保	民事保全法
〔商法特例法〕	株式会社の監査等に関する商法の特例に関する法律	〔評価通達〕	財産評価基本通達
相税	相続税法		

<判例の表記>

　根拠となる判例の略記例及び出典の略称は次のとおりです。

　　最高裁判所令和5年5月24日決定，判例タイムズ1514号33頁
　　　＝最決令5・5・24判タ1514・33

判時	判例時報	裁時	裁判所時報
判タ	判例タイムズ	裁判集民	最高裁判所裁判集民事
家月	家庭裁判月報	資料商事	資料版商事法務
下民	下級裁判所民事裁判例集	民集	最高裁判所（大審院）民事判例集
金判	金融・商事判例		
金法	金融法務事情		

目　次

序　章　非上場株式と相続

ページ
○概　説……………………………………………………………1

第1章　株券と株主名簿

○概　説……………………………………………………………5

1　株　券

Q1　株券発行会社か否かの確認方法……………………………10
Q2　有効な株券か否かの確認方法………………………………13
Q3　株券が発行されない場合……………………………………16
Q4　株券発行会社における株式譲渡の方法……………………19
Q5　過去に株券を交付せずに株式譲渡が行われている場合……22
Q6　株券を紛失した場合…………………………………………26

2　株主名簿

Q7　株主名簿の名義書換手続の概要……………………………30
Q8　会社に対する対抗要件具備としての株主名簿名義書換
　　請求………………………………………………………………32
Q9　株主名簿の名義書換が未了であった株主の相続人によ
　　る株主名簿名義書換請求………………………………………34

Q10　名義株主から真の株主への名義変更手続…………………38
Q11　株主名簿の内容の確認……………………………………41

第2章　非上場株式の準共有

○概　説………………………………………………………………45
Q12　非上場株式の準共有とは（総論）………………………………46
Q13　準共有株主の権利行使方法………………………………………48
Q14　非上場株式の権利行使をめぐるトラブル（権利行使者
　　　を定めるための協議の要否、賛否不明の場合の処理）………53
Q15　権利行使者の解任・変更…………………………………………56

第3章　非上場株式の価値

○概　説………………………………………………………………60

1　税務上の株価

Q16　税務上の評価と私法上の評価……………………………………63
Q17　税務上の時価の把握が必要となる場面…………………………66
Q18　相続税法上の時価の算定方法の概要……………………………68
Q19　相続税法上の時価の算定に必要となる資料……………………78

2　私法上の株価

Q20　算定方法の紹介……………………………………………………80
Q21　任意の買取交渉における私法上の株価（税務上の株価
　　　で買い取る旨の提案があった場合）……………………………88
Q22　算定のために必要となる資料……………………………………91

Q23	会社に資料を開示させる方法	93
Q24	事業計画が作成されていない場合（DCF法）	96
Q25	評価の妥当性の検証（DCF法）	98
Q26	純資産法	103

第4章　遺産分割と非上場株式

○概　説	105
Q27	非上場株式と遺産帰属性に争いがある場合	108
Q28	遺産の一部分割	111
Q29	非上場株式の評価が問題となる遺産分割	114
Q30	被相続人の死亡前に、相続人に対して非上場株式の生前贈与がなされている場合の遺産分割(特別受益該当性、持戻し免除、算定基準時)	118
Q31	代償金を支払う資力がないために株式の単独相続が困難となっている場合の遺産分割	123

第5章　遺留分と非上場株式

○概　説	128
Q32	遺留分の基礎知識	130
Q33	遺留分の手続	134
Q34	非上場株式の評価が問題となる遺留分侵害額請求（遺留分対策の失敗）	136
Q35	被相続人の死亡前10年以内に、相続人に対して非上場株式の生前贈与がなされている場合の遺留分（特別受益に当たる生前贈与）	139

Q36　被相続人の死亡の10年以上前に、相続人に対して非上場株式の生前贈与がなされている場合の遺留分（損害を加えることを知ってした生前贈与）……………………143
Q37　被相続人の生前に、非上場株式が有償で相続人に売買されている場合の遺留分（不相当な対価をもってした有償行為）………………………………………………147

第6章　非上場株式の換価と権利行使

○概　説………………………………………………………151

1　非上場株式の換価方法

Q38　非上場株式の換価方法………………………………156

2　譲渡制限株式

Q39　譲渡制限の有無の調査方法、譲渡の可否……………160
Q40　譲渡承認請求の方法……………………………………162
Q41　みなし承認………………………………………………168
Q42　株式売買価格決定申立事件（手続について）………171
Q43　株式売買価格決定申立事件（価格について）………173

3　権利行使と和解

Q44　情報収集のための手段…………………………………177
Q45　株主総会における質問…………………………………187
Q46　議題提案権………………………………………………194
Q47　議案提案権………………………………………………198
Q48　株主による株主総会の招集請求………………………202
Q49　株主総会の招集手続・決議方法の調査のための検査役の選任………………………………………………………204

Q50	業務・財産状況の調査のための検査役の選任………	208
Q51	役員解任の訴え、職務執行停止の仮処分………	212
Q52	株主総会決議不存在確認の訴え………	218
Q53	株主総会決議取消しの訴え………	222
Q54	株主代表訴訟………	226
Q55	違法行為の差止請求………	233
Q56	解散の訴え………	237
Q57	過料を求める方法………	240
Q58	訴訟外での和解(株式を買い取る提案があった場合)………	242
Q59	訴訟上の和解………	248

第7章　経営参加等

○概　説………		251
Q60	役員選任権の確保………	256
Q61	経営の監視………	261
Q62	役員報酬・配当の取得………	265
Q63	将来的な経営権の確保………	271
Q64	株主間契約の実効性の確保………	273
Q65	取得請求権付株式………	276

索　引

○判例年次索引……… 279

序　章　非上場株式と相続

○概　説

　我が国には株式会社が約269万社あるとされていますが（令和4年度国税庁「会社標本調査」）、そのうち東証に上場している株式会社は4,000社に満たない数しかありません。残りの株式会社は全て非上場会社ということになります。

　非上場会社の大半はいわゆるオーナー会社ですが、高齢化がますます進行している我が国においては、彼らオーナーたちについても高齢化が進んでいます。いわゆる大相続時代を迎え、今後ますます非上場株式が遺産に含まれる相続は増加していくでしょう。

　相続の場面では非上場株式をどのように扱うのか難しい問題があります。非上場株式は上場株式と異なり流通する市場がありません。そのため、株価が一義的に明確ではなく、自由に換価することが困難という大きな特色があります。

　また、会社経営者にとって、当該会社の非上場株式は経営権を確保するために必要不可欠な資産といえます。一方で、会社経営に関わらない者にとっては、非上場会社の多くでは税務上費用とはならないことから配当が十分に実施されていないこともあって、保有する意味を見い出せないケースが多いのです。相続税の負担を考えると会社経営に関わらない者にとっては負の財産ということもできます。

　以上のように、①株価が不明瞭、②換価が困難、③相続人間の保有意欲が著しく異なるという特色を有する非上場株式であるため、相続の場面、具体的には遺産分割や遺留分の関係では、税務上の株価あるいは「額面額」といわれる低廉な価額で処理される例が多かったように思われます。

しかし、昨今は非上場株式の買取業者や非上場株式の換価を支援する弁護士が現れ、インターネット上では彼らによる広告が目立つようになってくるなど、非上場株式は換価できないとの「常識」が変化しつつあります。

　そのような流れの中、今後は相続の場面において、会社経営に関わらない者にとっても非上場株式の価値が見直されてくることが予想されます。弁護士等相続に関わる専門家にとっても新しい時代の非上場株式の価値について知見を高めることは必要不可欠となるでしょう。

　そこで、本書では、会社経営に関わらない相続人や既に非上場株式を保有しているが会社経営に関わっていない人たち（少数株主）、そして彼らを支援する専門家を対象にして、各章ごとに、概説において相続法と会社法の基礎知識を説明した上で、設問に対する回答という形式で具体的、詳細に解説していきます。

　まず第１章では、会社法で規律される株式に関する基本的知識である、「株券と株主名簿」について解説します。非上場株式については上場株式を保有する場合のように証券会社による関与がありません。そのため、非上場株式を相続した者が会社等から株主として扱われるためには自ら動かなければならない場面があるからです。

　次に第２章では「非上場株式の準共有」について説明します。相続発生後遺産分割前には、遺産である非上場株式は相続人らの準共有状態になり、相続人らが株主としての権利行使をするためには権利行使者の通知が必要となるからです。

　第３章では「非上場株式の価値」を説明します。先述のとおり、非上場株式の大きな特色として、市場がないため株価が不明瞭という点があります。実務上非上場株式の株価としては、税務上の株価が利用されることが多いですが、譲渡制限株式の売買価格決定申立事件等の裁判においては、法律上の株価や私法上の株価といわれるものが別に

あり、かつその私法上の株価の算定方法にも複数の手法があります。このように非上場株式の株価は算定方法によって大きく価額が異なるため、どの算定方法を採用するかが、相続に関わる当事者の利害にとって大変重要となります。そこで、税務上の株価と私法上の株価についての理解が、特に専門家にとっては必要不可欠となるのです。

　これを受けて、第4章「遺産分割と非上場株式」では、遺産分割に際して非上場株式の株価がどのような影響を与えるか、具体的事例に基づいて解説します。

　続けて、第5章「遺留分と非上場株式」においては、遺産分割と同様に非上場株式の株価いかんによって大きく結論が異なる遺留分侵害額請求について説明します。非上場会社のオーナーは生前贈与や遺言によって事業承継対策をしている例が多く、その際に遺留分についても一定の配慮がなされている場合がありますが、非上場株式の株価によっては、遺留分を侵害しているか否か、侵害額がいくらかという問題が生じます。

　ここからは相続の場面ではなく、主に非上場会社のオーナー等から相続や贈与によって既に取得している非上場株式の扱いの問題です。先述したとおり、非上場株式については、配当が受けられず保有しているメリットがない場合が多く、逆に将来的な相続税の負担をおそれることも珍しくありません。しかし、非上場株式は自由に換価する市場がないため、少数株主が換価したいと考えても、実質的には会社又は現経営陣関係者に売却するしかありません。しかも強制的に買い取らせる権利はないため任意の相対取引となることから、実務上は不利な価額でしか売却できない事例が圧倒的に多数を占めると考えられます。そこで、第6章「非上場株式の換価と権利行使」では、まず非上場株式の換価方法として譲渡制限株式の譲渡承認請求の利用を説明します。そして次に、少数株主が相対取引において不利な価額でしか売

却できない大きな理由として、自ら有する株主としての権利を行使しないことがあると考えることから、株主としての権利行使、そしての解決段階である和解について解説します。

　一方、換価ではなく、株主が経営に参加する道を選ぶことも考えられます。第7章「経営参加等」では、少数株主が役員選任への関与や優先的な配当の受領といった経営参加等する方法として、株主間契約、種類株式、属人的定めの具体的な利用方法を説明します。

第1章　株券と株主名簿

○概　説

1　株券の概要

（1）　株券の意義

株券とは、株式会社の株主としての地位を表章する有価証券をいいます。

株式につき株券を発行する旨を定款で定めた会社を株券発行会社といい（会社214・117⑦）、定款に株券を発行する旨の定めがない会社は、自動的に株券を発行しない会社（株券不発行会社）となります。

なお、会社法施行前（平成18年4月30日以前）においては、現行法とは異なり、株券発行会社が原則とされていました。

株券発行会社は、不発行会社とは異なる規定がいくつも存在するため、最初に株券発行会社か否かを確認することは、非常に重要なプロセスです（株券発行会社か否かの確認方法はQ1参照）。

（2）　株券の記載事項

株券には、株式数等、そこに記載すべき事項が法定され（会社216）、当該法定記載事項を記載した株券を株主に交付することによって、有価証券として成立するものと解されています。

なお、株券には、法定記載事項以外の事項を記載することもでき、会社法施行前において株券に記載することが求められていた株主の氏名や、会社成立の年月日、株券発行の年月日などを株券に記載する例は、現在においても多く見受けられます（株券の法定記載事項の内容等、株券の有効性に関することは、Q2参照）。

（3）　株券発行義務

株券発行会社においては、一部の例外を除き、株式を発行した日以

後遅滞なく株券を発行しなければなりません（会社215①）（株券を発行しなくてもよい例外はＱ３参照）。

仮に株券発行会社が株券発行義務を怠った場合には、会社に過料が科される可能性があります。

（４）　株券発行会社特有の規定

株券発行会社においては、株式譲渡の効力発生要件として、株券の交付が求められています（会社128①）（株券発行会社における株式譲渡の具体的な方法についてはＱ４参照）。

そのため、過去に株券が交付されずに株式譲渡が行われている場合には、現在の株主が誰であるかが不明確となるおそれがあります（過去に株券を交付せずに株式譲渡が行われている場合の対処方法についてはＱ５参照）。

また、株券発行会社特有の制度として、株式の善意取得制度があります。すなわち、株券占有者から株券の交付を受けた者は、たとえ当該占有者が真の株主ではなかったとしても、悪意・重過失がない限り、当該株券に係る株式について権利を取得することができます（会社131②）。

そのため、株券を紛失等してしまった場合、株式を第三者に善意取得されてしまうリスクが生じます（株券を紛失した場合の対処方法はＱ６参照）。

2　株主名簿の概要

（１）　株主名簿の意義

株主名簿とは、株主の氏名・住所やその保有する株式の数・内容等を明らかにするために、会社法に基づき株式会社に作成が義務付けられている帳簿（又は電磁的記録）をいいます（会社121）。

非上場会社の中には、法人税等確定申告書別表二「同族会社等の判

定に関する明細書」が株主名簿である、あるいは株主名簿に代替されるものであると考えている会社も多く見受けられますが、株主名簿と同明細書とでは、根拠法規、作成目的、記載事項等が異なっているため、会社は、同明細書とは別途、会社法121条の規定に基づき株主名簿を必ず作成する必要があります。

（2）　株主名簿の記載事項

株主名簿には、①株主の氏名又は名称及び住所、②株主の有する株式数（種類株式発行会社にあっては、株式の種類及び種類ごとの数）、③株式を取得した日、更に④株券発行会社においては、発行された株券の番号を記載（又は記録）する必要があります（会社121）。

また、⑤株式に質権を設定した者がある場合には、質権者の氏名又は名称及び住所並びに質権の目的である株式を記載（又は記録）し（会社148）、⑥株券不発行会社である場合で、かつ株式が信託財産に属するときは、株主の保有する株式が信託財産に属する旨の記載（又は記録）をする必要があります（会社154の2）。

さらに、⑦株券発行会社において、株主から会社に対して株券不所持の申出（会社217①）がなされた場合には、当該株式に係る株券を発行しない旨を記載（又は記録）する必要もあります（会社217③）。

（3）　株主名簿の効力

　ア　対抗要件として意義

株券不発行会社の株式の取得者は、株主名簿名義書換手続（会社133）を経なければ、会社その他の第三者に対して、自らが株主であることを主張することができません（会社130①）。

また、株券発行会社の株式取得者（会社128参照）も、同手続を経なければ、会社に対しては自らが株主であることを主張することができません（会社130②）。

株主名簿の名義書換手続についてはQ7からQ10をご参照ください。

イ　基準日制度との関係

　株主名簿は、基準日制度との関係でも大きな意義を有しています。

　すなわち、会社は、一定の日（基準日）を定めて、当該基準日の株主名簿に記載（又は記録）されている株主（基準日株主）を、その権利を行使することができる者と定め（会社124①）、当該基準日株主が行使することができる権利（基準日から３か月以内に行使するものに限ります。）の内容を定めることができます（会社124②）。

　実務上は、定款において、事業年度末日を基準日と設定し、かつ当該事業年度末日から３か月以内に定時株主総会を開催する旨を規定し、事業年度末日の最終の株主名簿上の株主に、定時株主総会における議決権の行使や、これにより承認された剰余金の配当を受ける権利を与えています。

　なお、会社は、基準日株主が行使することができる権利が株主総会（又は種類株主総会）における議決権である場合には、基準日株主の権利を害さない限り、基準日後に株式を取得した者の全部又は一部の議決権行使を認めることができます（会社124④）。

　ウ　株主に対する通知等

　会社が株主に対してする通知・催告は、株主名簿上の株主の住所（株主が別の場所・連絡先を通知した場合には当該場所又は連絡先）にあてて発すれば、通常その到達すべきであった時に到達したものとみなされます（会社126）。

　また、会社は、配当財産の交付に当たっては、株主名簿上の株主の住所（又は株主が会社に通知した場所）において、交付すれば足りるとされています（会社457①）。

（4）　株主名簿閲覧謄写請求

　株主名簿は、会社に作成義務がある書面（又は電磁的記録）であって（会社121）、株主等の利害関係人の権利の確保・行使のために会社の

本店等に備え置かれるもので、株主及び債権者（以下、併せて「請求者」といいます。）は、会社の営業時間内はいつでも、請求の理由を明らかにした上で、株主名簿の閲覧・謄写を請求することができます（会社125②）。

また、親会社社員も、その権利行使のために必要があるときは、裁判所の許可を得て、同様の請求をすることができます（会社125④）。

株主名簿閲覧謄写請求については、Q11をご参照ください。

1 株　券

Q1　株券発行会社か否かの確認方法

Q 私の父Ａは、非上場会社Ｂ社の株主でしたが、先日死亡しました。そこで、Ａの遺産を分割するためにＢ社株式の株券を探しましたが、見当たりません。そもそもＢ社が株券発行会社か否かも分からないのですが、**株券発行会社か否かは、どのように調査すればよいでしょうか**。

A 株券発行会社か否かは、原則、登記事項証明書を確認することで把握できます。また、定款や株主名簿の内容を確認することにより、把握できる場合もあります。

解　説

　調査対象となる株式会社が、現在、株券発行会社であるか否かを確認する方法には、主として①登記事項証明書を確認する方法、②定款を確認する方法、③株主名簿を確認する方法の３つがあります。

1　①登記事項証明書を確認する方法

　会社法施行下においては、株券発行会社である旨は登記事項とされています（会社911③十・915①）。

　また、会社法施行前（平成18年４月30日以前）においては、株式会社は、定款で株券を発行しない旨を定めない限り、株券発行会社となるとされており、株券を発行しない旨が登記事項とされていましたが、会社法施行後（平成18年５月１日以後）は、会社法施行時に存在する

株券発行会社は、定款に株券発行会社である旨の記載があるものとみなされ（会社法整備76④）、当該会社については、株券発行会社である旨の登記が職権によってなされ（会社法整備136⑫）、逆に株券不発行会社は、株券不発行の旨の登記が職権によって抹消されました。

そのため、調査対象となる会社の設立年月日にかかわらず、当該会社の現在の登記事項証明書の内容を確認することで、株券発行会社か否かを容易に把握することができます。

ただし、例外的に、会社法施行後に株券不発行会社へと移行する手続（Ｑ６参照）を採っているにもかかわらず、当該変更登記（会社915①・911③十）を懈怠している場合には、現在は株券不発行会社であるにもかかわらず、商業登記簿上は株券発行会社である旨の記載が残存していることもあるため、注意を要します。

2　②定款を確認する方法

会社法施行下においては、株券発行会社となるためには、定款に株券を発行する旨の定めを置く必要があり（会社214）、定款を確認することでも、株券発行会社か否かを確認できます。

もっとも、上述したとおり、会社法施行前は株券発行会社が原則とされていたところ、会社法施行時に存在する株券発行会社は、定款に株券発行会社である旨の記載があるものとみなされ（会社法整備76④）、当該会社については、株券発行会社である旨の登記が職権によってなされています（会社法整備136⑫）。

そのため、会社法施行前から存在する株券発行会社であって、定款に株券発行会社である旨の記載がない会社の場合には、会社法施行後において、株券発行会社である旨の定めを置く定款変更を行っていない限り、定款には株券を発行する旨の記載がない株券発行会社となり、定款の記載のみからは、現在、株券発行会社であるか否かが判明しないこともあります。

3 ③株主名簿を確認する方法

　株券発行会社である場合、株券番号が株主名簿の必要的記載事項とされるため（会社121四）、株主名簿を確認することも、株券発行会社か否かを確認する一方法といえます。

　もっとも、非上場会社においては、そもそも株主名簿が作成されておらず、仮に作成されていたとしても株主名簿の必要的記載事項が網羅的に記載されていないことも多く見受けられます（株主名簿の必要的記載事項は本章概説２(２)参照）。

　また、株券発行会社であったとしても、株券が現実に発行されていない場合も多く、かかる場合には、株主名簿に株券番号を記載する必要がありません（会社121四）。

　これらの要因から、株主名簿を確認したとしても、株券発行会社か否かを確認できない場合は多くあります。

4 まとめ

　以上の点から、非上場会社において、株券発行会社か否かを調査するに当たっては、登記事項証明書の内容の確認を基礎とし、定款や株主名簿については、その補足資料としての利用にとどめるべきといえます。

　なお、調査対象となる会社に事実上問い合わせることも、簡便な調査方法であることはいうまでもありません。

Q2　有効な株券か否かの確認方法

Q 私は、父Ａの生前に、Ａが株券発行会社である非上場会社Ｂ社の株主であると聞かされていました。この度、Ａが死亡したため、Ａの遺品整理をしていたところ、Ｂ社の株券を発見しました。しかし、その見た目は古く、Ａの氏名も記載されていないため、当該株券が有効な株券であるかに疑問があります。保有する株券が有効な株券であるかどうかはどのように確認すればよいでしょうか。

A 株券に法定記載事項が記載され、会社代表者によって発行された株券であれば、原則、有効な株券であると考えられます。もっとも、株券喪失登録がなされた場合（Ｑ６「２　株券喪失登録制度」参照）や、株券不発行会社に移行している場合（Ｑ６「３　株券不発行会社への移行」参照）等、現に存在する株券の効力が失われている可能性もあります。そこで、現在も有効な株券であるか否かは、株券の記載を頼りに、当該株券に係る株式会社に問い合わせることによって確認するのが適切といえます。

解　説

1　株券の必要的記載事項

　株券には、株券であることの表示のほか、①会社の商号、②当該株券に係る株式の数、③当該株券に係る株式が譲渡制限株式（会社２十七）である場合はその旨、④種類株式発行会社（会社２十三）においては当該株券に係る株式の種類及びその内容、⑤株券番号を記載し、代表取

締役がこれに記名押印（又は署名）する必要があり（会社216）、これらの法定記載事項の一部が欠けている株券は、その有効性に問題が生じ得ます。特に商号や株式数の記載を欠く株券は、どこの会社の何株の権利を表章する株券であるか特定できないため、無効と解されます。

なお、会社法施行前においては、株券に、株主の氏名の記載が必要とされていましたが、会社法施行下においては、必要的記載事項とはされておらず、また、株券は無記名証券であるため、株券に株主の氏名の記載がなかったとしても、その有効性には影響はありません。

2　株券の効力発生時期

株券は、会社代表者の意思に基づいてこれを作成し、株主に交付することによって有価証券として成立すると解されています（最判昭40・11・16民集19・8・1970）。

もっとも、株券が株主に交付されて、有価証券として一度は有効に成立したとしても、その後に、株券喪失登録制度や、株券不発行会社への移行（Q6参照）等により、手元に存在する株券が既に無効となっている可能性もあるため留意する必要があります。

3　本件の場合

Aが保有していたB社株券に、Aの氏名が記載されていなかったとしても、株券の効力に影響を与えることはなく、その他株券の法定記載事項、少なくとも商号と株式数、代表取締役の記名押印（又は署名）が記載されていれば、一応は有効な株券であると推認できます。

もっとも、株券不発行会社へと移行している場合や、株券喪失登録がなされている場合には、現在保有している株券が無効となっている可能性もあります。

そのため、株券に記載されている株券番号等を頼りに、Ｂ社に当該株券の有効性を問い合わせ、上記各事情の有無の確認等を行うのが適切といえます。

　株券発行会社か否かの確認方法はＱ１を、株券喪失登録制度や株券不発行会社への移行手続についてはＱ６を、それぞれご参照ください。

Q3　株券が発行されない場合

Q 私の父Ａは、株券発行会社である非公開会社Ｂ社の株主でしたが、先日死亡しました。遺産分割協議の結果、私がＢ社株式を取得することになりましたが、株券が見当たりません。そこで、Ｂ社に問い合わせたところ、Ｂ社からは、設立以来、株主との合意により株券を発行しないことになっている旨の回答がありました。株券発行会社であっても、株券を発行しないことは許されるのでしょうか。

A 非公開会社の株券発行会社は、株主からの株券発行請求がない限り、株券を発行しないことが許されています。また、株主から株券不所持の申出を受けている場合には、そもそも株券を発行することができなくなります。なお、株券が発行されていない場合、株主は、原則、会社に対し、いつでも株券発行請求をすることができ、このことは、会社・株主間において株券不発行の合意が存在したとしても異なりません。

解　説

1　株券発行会社の株券発行義務

　株券発行会社（会社117⑦かっこ書）は、原則、株式を発行した日以後遅滞なく、当該株式に係る株券を発行しなければなりません（株券発行義務）（会社215①）。そして、株券発行会社がかかる義務に違反した場合には、100万円以下の過料の対象となります（会社976十四）。

　ただし、以下に掲げる場合には、株券発行会社が株券を発行しないことが例外的に許されています。

（1） 非公開会社の場合

非公開会社の株券発行会社は、株主から株券発行請求がある時まで、株券を発行しないことができます（会社215④）。

（2） 株券不所持の申出がある場合

株主は、株券発行会社に対し、株式の数を明らかにして、当該株式に係る株券の所持を希望しない旨を申し出ることができます（会社217①②前段）。株券が既に発行されているときは、株主は、当該申出に当たって、株券を会社に提出する必要があります（会社217②後段）。

そして、株券発行会社は、株主から株券不所持の申出を受けたときは、遅滞なく、その株主名簿に株券を発行しない旨を記載又は記録しなければならず（会社217③）、当該記載等をしたときは、株券発行会社は、株券を発行することができなくなります（会社217④）。株券が既に発行されているときは、当該記載等をした時に、株券は無効となります（会社217⑤）。

もっとも、株券不所持を申し出た株主は、いつでも、会社に対し、株券発行請求を行うことができます（会社217⑥）。

（3） 単元未満株式に係る定款の定めがある場合

さらに、株式会社は、その発行する株式について、一定の数の株式をもって株主が株主総会又は種類株主総会において一個の議決権を行使することができる一単元の株式（単元株式）とする旨を定款で定めることができ（会社188①）、定款に当該定めのある株券発行会社は、単元株式数に満たない数の株式（単元未満株式）につき、株券を発行しないことができる旨を定款で定めることができます（会社189③）。

かかる定款の定めが存在する場合、単元未満株式の株主は、株券発行会社に対し、株券発行請求をすることができなくなります（会社189②六、会社則35②四）。

2　株券不発行の合意の効力

　上述したとおり、株券発行会社は、単元未満株式に係る定款の定めがある場合（会社189③）を除き、株券を発行しないことが許される場合においても、株主から株券発行請求を受けた時は、いずれにせよ株券を発行しなければなりません（会社215④・217⑥、会社則35②四）。

　このように株券発行会社が、原則、株券発行義務から完全に免れることができない理由は、株券発行会社においては、株式の譲渡に当たって株券の交付がなければその効力が生じないとされていることから（会社128）、株券発行会社の株主による株式譲渡の自由（会社127）を保障する点にあります。

　そのため、仮に株券発行会社と株主との間において、株券不発行の合意がなされたとしても、かかる合意は株式譲渡自由の原則（会社127）に抵触するものとして、無効と解されています（最判昭63・3・4金法1195・41）。

　なお、株券発行会社が株券発行を遅滞した場合の株式譲渡の効力は、Ｑ４をご参照ください。

3　本件の場合

　非公開会社であるＢ社は、その株主から株券発行請求を受ける時まで、株券を発行しないことが許されます。また、Ｂ社株主から株券不所持の申出があった場合には、そもそもＢ社は株券を発行することができなくなります。ただし、Ｂ社・株主間の株券不発行の合意は無効と解されますので、Ｂ社は、単元未満株式の株券を発行しないことができる旨の定款の定めを置いていない限り、株主から株券発行請求を受けた時は、遅滞なく、株券を発行する必要があります。

Ｑ４　株券発行会社における株式譲渡の方法

Q 私は、父Ａから株券発行会社である単元未満株式の定めのない非公開会社Ｂ社の株式を相続しました。この度、Ｂ社からは毎年配当もされないため、Ｂ社株式をＣに対して譲渡しようと考えていますが、Ｂ社は実際に株券を発行したことがなく、私の手元に株券がありません。このような場合、どのような方法で株式譲渡を行えばよいでしょうか。

A 株券発行会社においては、株式譲渡に当たって株券を交付しなければ、その効力が生じないため、Ｂ社株式を譲渡するに当たっては、原則、あらかじめＢ社に対し株券を発行するよう請求し、その交付を受けた上で、Ｃに対して当該株券を交付する必要があります。

ただし、Ｂ社が株券発行義務に反して、株券の発行を遅滞しているといえる場合には、意思表示のみによって有効に株式を譲渡することができます。

解　説
１　株券発行会社における株式譲渡の方法

株券不発行会社においては、株式譲渡は、当事者間の意思表示のみによって効力が生じますが、株券発行会社（会社117⑦かっこ書）においては、株主が株式譲渡を行う場合、会社が自己株式を処分するときを除き、原則、譲受人に対して株券を交付しなければ、その効力を生じません（会社128①）。

また、株券発行前にした株式譲渡は、株式譲渡当事者間においては、

株券の交付がないことをもってその効力が否定されることはありませんが（最判令6・4・19民集78・2・267）、株券発行会社に対してはその効力が生じません（会社128②）。

したがって、株券発行会社において有効な株式譲渡を行おうとする株主は、いまだ会社から株券の交付を受けていないときには、原則としてあらかじめ会社に対し、株券交付請求権（会社215）を行使し、会社から株券の交付を受けた上で、これを譲受人に対して交付する必要があります。

なお、株券の交付方法については、現実の引渡し（民182①）のみならず、簡易の引渡し（民182②）、占有改定（民183）、又は指図による占有移転（民184）のいずれの方法も認められています。

2　株券発行を遅滞している場合における株式譲渡の効力

上述したとおり、株券発行会社においては、株券発行前にした株式譲渡は、会社に対して、その効力が生じないとされています（会社128②）。

ただし、本規定は、会社の株券発行義務（会社215①）を前提として、株券発行事務が円滑かつ正確に行われるようにする趣旨で設けられた規定と解されており、会社が同規定の「趣旨に反して株券の発行を不当に遅滞し、信義則に照らしても株式譲渡の効力を否定するを相当としない状況に立ちいたった場合」には、株主は、会社との関係においても意思表示のみによって有効に株式譲渡を行うことができます（最大判昭47・11・8民集26・9・1489）。

なお、非公開会社においては、株券発行会社は、株主から請求がある時までは、株券を発行しないことができるとされているため（会社215④）、株券の発行を受けていない株主が、上記最判に依拠して株券を交付することなく有効な株式譲渡を行おうとする場合には、あらか

第1章　株券と株主名簿　　　21

じめ会社に対し、株券発行請求権を行使し（会社215）、会社を株券発行義務の履行遅滞の状況に陥れる必要があると解されますので、注意する必要があります。

3　本件の場合

　B社は、非公開会社であるため、株主から株券発行請求を受けるまで、株券を発行しないことができます。

　そこで、B社の株式譲渡に当たっては、原則、B社に対して、株券発行請求を行い、株券の交付を受けた上で、Cとの間で株式譲渡契約を締結し、当該株式譲渡に当たって株券を交付する必要があります。

　なお、株券発行会社に限ったことではありませんが、相続によって承継した株式につき、株主としての権利主張を会社に対して行う場合には、原則、株主名簿の名義書換手続（Q7参照）が必要で、また、非公開会社において株式譲渡を行うに当たっては、譲渡承認機関による承認手続（Q40参照）も必要となります。

　そのため、質問者がB社に対して株券交付請求を行うためには、その前提として、B社株主名簿上A名義の株式につき、質問者名義への名義書換手続を行う必要があり、また、質問者が、Cに対して、株式譲渡を行うためには、B社による譲渡承認手続も必要となりますので、併せて注意を要します。

Ｑ５　過去に株券を交付せずに株式譲渡が行われている場合

Ｑ　私は、父Ａから株券発行会社である非上場会社Ｂ社の株式を相続しました。この度、Ｂ社株式をＣに対して譲渡しようと考えていましたが、Ｃから、過去に設立時Ｂ社株主ＤとＡとの間で行われた株式譲渡の際に、株券が交付されていないことを理由に、私が現在のＢ社の真の株主であるか不明確であるとして、株式譲渡の実行に難色を示されています（なお、Ｂ社株主名簿上は、父Ａから相続した株式につき、私名義に変更されています。）。株券発行会社において過去に株券を交付しない株式譲渡が行われている場合、何が問題となるのでしょうか。また、その問題点を解消する方法があれば教えてください。

Ａ　株券発行会社においては、株式譲渡に当たって株券の交付がその効力発生要件とされているため（会社128①）、株券の交付がない株式譲渡は無効となるのが原則です。そのため、過去に株券を交付せずに株式譲渡が行われている場合には、現在の株主名簿上の株主が真の株主ではない可能性が生じます。

　かかる場合、現在の名簿上の株主を真の株主と確定させるためには、株券交付が行われていない過去の株式譲渡の当事者間において、改めて株券を交付した上で、株式譲渡をやり直すこと等が考えられます。

解　説

1　過去に株券を交付せずに株式譲渡が行われた場合の問題点

　株券発行会社においては、株式譲渡に当たって株券の交付がその効

力発生要件とされています（会社128①）。

　そのため、過去に株券が交付されずに株式譲渡が行われていた場合には、原則、その効力が生じないため、当該株式譲渡の譲受人は真の株主にはなれません。そして、かかる無効な株式譲渡が一たび行われた場合には、以後に行われた株式譲渡についても、無権利者による株式譲渡となるため、原則、その株式の譲受人は、有効に株主権を取得することができなくなります。

2　問題点の解消方法

（1）　株式譲渡のやり直し

　このような問題を解消する方法としては、まず、過去に株券を交付せずに行われた最初の株式譲渡から現在に至るまでの株式譲渡全てを対象として、当該各株式譲渡の当事者（又はその当事者の地位を包括承継した者）間において、株券の交付を行った上で、株式譲渡を全てやり直すことが考えられます。この株券の交付に当たっては、現実に株券の引渡しを行う必要はなく、占有改定、指図による占有移転、簡易の引渡し等、株券の現実の移動を伴わない方法によっても行うことが可能です。

　なお、株券がいまだ発行されていない場合において、株式譲渡が行われたときは、株券発行会社との関係では、原則として、その効力が生じませんが（会社128②）、株式譲渡の当事者間においては、株券の交付がなくとも、その効力が生じるものと解されています（最判令6・4・19民集78・2・267）。

　そのため、かかるときは、問題となる最初の株式譲渡人が、株券発行会社に対し、株券交付請求を行い、会社から株券の交付を受けた上で、上記株式譲渡のやり直しを行う方法の外、株式譲受人が、株式譲渡人の株券発行会社に対する株券発行請求権を代位行使（民423①本文）

して、株券発行会社に対し、株券の交付を直接自己に対して求めることもできます（上記最判）。

　もっとも、以上の方法は、最初の株式譲渡から長期間が経過し、株式譲渡に係る資料が散逸し、株式の移動を正確に把握することが困難な場合や、株式譲渡の当事者が死亡し、相続が発生する等して、関係者が多数に上ることで、関係者全員の協力を得ることができず、あるいは、そもそも関係者全員と連絡を取ることすら困難な場合もあるため、必ずしも利用できる方法とは限りません。

（2）　株式の善意取得

　株券発行会社においては、株券の占有者は、当該株券に係る株式についての権利を適法に有する者と推定され（会社131①）、株券の交付を受けた者が、善意・無重過失であれば、株券を交付した者が真実は株主ではなかったとしても、当該株券の交付を受けた者は、当該株券に係る株式について権利を取得することができます（会社131②）。

　そのため、過去に株券の交付を経ない株式譲渡が介在していたとしても、その後、株券の交付を伴った株式譲渡がなされている場合には、現在の株券占有者が善意取得によって真の株主であると解する余地が生じます。

（3）　株式（株主権）の時効取得

　所有権以外の財産権でも、自己のためにする意思をもって、平穏に、かつ公然と行使する者は、20年（善意・無過失の場合は10年）を経過した後、その権利を取得することができるとされています（民163）。

　そして、株式（株主権）も財産権の一つですので、会社に対して株主としての権利を行使していた者は、これを時効取得することができる可能性があります（東京地判平15・12・1判タ1152・212）。

3　株券の交付がない株式譲渡が有効な場合

　株券が交付されずに株式譲渡が行われていたとしても、当該株式譲渡の際に、株券発行会社が株券の発行を不当に遅滞し、信義則に照らして株式譲渡の効力を否定することが相当ではない状況に至っていたといえる場合には、会社との関係でも当該株式譲渡当事者間の意思表示のみによって有効に株式譲渡を行うことができます（最大判昭47・11・8民集26・9・1489）。

　また、外観上は株券が交付されずに株式譲渡が行われていたとしても、当該株式譲渡の実質が、名義株である株式を真の株主へと名義変更するために行われたにすぎない場合には、当該株式譲渡は、そもそも株式に係る権利移転を伴うものではないため、会社法128条は適用されず、株券の交付はそもそも必要ないと考えられます。

　なお、名義株の詳細については、Q10をご参照ください。

4　本件の場合

　B社は株券発行会社ですので、株券の交付を伴わないDA間の株式譲渡は、原則無効と解されます。そのため、D（Dが死亡していた場合にはその相続人）と連絡を取り、Dとの間で株券交付を伴う株式譲渡をやり直すなどの対策を講じる必要があります。

Q6　株券を紛失した場合

Q 私は、父Ａから株券発行会社である非上場会社Ｂ社の株式を相続しました。この度、Ｂ社株式をＣに対して譲渡しようと考えていましたが、株券を紛失してしまいました。このような場合、株式譲渡に当たって、どのような手続をとればよいでしょうか。

A 株券発行会社においては、株券の交付が株式譲渡の効力要件（会社128①）とされています。そのため、株券を紛失した場合に有効な株式譲渡を行うためには、株券喪失登録制度を利用して、喪失株券を無効にした上で、有効な株券を再発行してもらい、当該株券を譲受人に交付する必要があります。

解　説

1　株券紛失による弊害

　株券発行会社においては、株式を譲渡する場合、株券の交付がその効力発生要件とされているため（会社128①）、株券を紛失した株主は、そのままの状態では有効な株式譲渡を行うことができなくなります。

　また、株券の占有者は、当該株券に係る株式についての権利を適法に有するものと推定され（会社131①）、株券占有者から株券の交付を受けた者は、たとえ当該占有者が真の株主ではなかったとしても、悪意・重過失がない限り、当該株券に係る株式について権利を取得することができるとされているため（善意取得）（会社131②）、紛失した株券を放置していた場合には、第三者に当該株券に係る株式を取得されてしまう危険性があります。

2　株券喪失登録制度

（1）意　義

　会社法は、株券を喪失した者が、喪失株券を無効にし、新たに有効な株券を再発行するための手続として、株券喪失登録制度を設けています（会社221～233）。

　すなわち、株券を紛失した者は、会社に対し、株券喪失登録手続を採ることで、株券喪失登録日の翌日から起算して1年を経過した日に、当該株券を無効にすることができます（会社223・228①）。

（2）手　続

　株券喪失登録手続は、請求者が株主名簿の名義人であるときは、自己の氏名（又は名称）、住所及び喪失した株券番号を明らかにするとともに、株券の喪失の事実を証する資料（被害届、遺失届、焼失届等）を会社に提供し、株券喪失登録請求をして行います（会社223、会社則47③一）。請求者が株主名簿の名義人ではないときは、これらに加え、株券を所持していたことを証する資料（株式譲渡契約書等）を併せて提供する必要があります（会社223、会社則47③二）。

　その後、株券喪失登録請求（会社223）を受けた株券発行会社は、株券喪失登録原簿を作成し、これに①請求に係る株券の番号、②株券喪失者の氏名（又は名称）及び住所、③名義人の氏名（又は名称）及び住所、④株券喪失登録日を記載（又は記録）します（会社221）。

　また、株券発行会社は、株券喪失登録請求者が、株式の名義人と異なるときは、遅滞なく、株式の名義人に対して、株券喪失登録をした旨並びに上記株券喪失登録原簿記載事項のうち①、②及び④の各事項を通知しなければなりません（会社224①）。

　株券喪失登録がされた株券は、同登録が抹消された場合（会社225・226）、又は会社が株券発行会社でなくなることにより株券が無効となった場合（会社227）を除き、登録日の翌日から起算して1年が経過し

た日に無効となり、会社は、株券喪失登録者に対し、株券を再発行しなければなりません（会社228）。

（3）効　力

株券発行会社は、株券喪失登録がされた株券に係る株式については、同登録が抹消された日、あるいは株券喪失登録日の翌日から起算して１年を経過した日のいずれか早い日までの間は、株主名簿の名義書換をすることができません（会社230①・976十七）。

また、株券発行会社は、登録抹消日後でなければ、株券喪失登録がされた株券を再発行することもできません（会社230②）。

さらに、株券喪失登録者が株主名簿の名義人でない場合には、登録抹消日までの間、名義人である株主は、議決権を行使することができなくなります（会社230③）。

3　株券不発行会社への移行

株券不発行会社においては、株式の譲渡は、当事者の意思表示のみによって効力が生じます。

そのため、株券発行会社の株主が、株券を紛失した場合においても、当該株券発行会社が株券不発行会社へと移行したとき、すなわち株券を発行する旨の定款の定めを廃止したときは、株券は効力を失い（会社218②）、株券の交付がなくても有効に株式を譲渡することが可能となります。

株券発行会社から株券不発行会社へと移行させるためには、株主総会の特別決議（株主の議決権の過半数を有する株主が出席し、出席株主の議決権の３分の２以上の賛成）による定款変更（株券を発行する旨の定款の定めを廃止）（会社466・309②十一）と、これに係る公告並びに株主及び登録株式質権者（以下、併せて「株主等」といいます。）に対する各別の通知を、上記定款変更の効力発生日の２週間前までに行

う必要があります（会社218①）。

　当該公告及び通知には、①株券廃止の定款変更をする旨、②株券廃止の定款変更の効力発生日、③当該定款変更効力発生日に株券が無効となる旨を記載する必要があり（会社218①）、株式の全部が未発行の株券発行会社の場合には、上記①及び②の事項についてのみ、株主等に対して各別に通知し、又は公告をすることになります（会社218③④）。

4　本件の場合

　B社は株券発行会社ですので、Aから相続した株式を、Cに対して有効に譲渡するためには、株券の交付が不可欠ですが、株券を紛失しているため、このままの状態では、有効な株式譲渡を行うことはできません。

　そこで、有効な株式譲渡を行うに当たっては、まず、B社に対して、法定の手続に従い株券喪失登録請求を行い、紛失株券を無効にした上で、B社に株券を再発行してもらい、当該再発行された株券を、Cに対して交付する方法が考えられます。

　なお、株券喪失登録制度を利用する場合は、株券再発行までに最低でも1年以上の期間を要することになる点に注意を要します。

　また、単独でB社の定款変更決議を可決できるだけの議決権数（3分の2以上）を保有している場合等には、B社の協力を得て、あるいは議題提案権（会社303）を行使し、B社株主総会において株券を発行する旨の定めを削除する内容の定款変更議案を可決させることによっても、Cに対して、株券を交付することなく、意思表示のみによって有効に株式譲渡を行うことができます。

　なお、議題提案権の詳細については、Q46をご参照ください。

2　株主名簿

Q7　株主名簿の名義書換手続の概要

Q 私は、この度、父Aが保有していた非上場会社B社の株式を単独で相続したため、B社に対して、株主名簿の名義書換請求を行いたいと考えています。そこで、株主名簿の名義書換手続やその際に必要な資料について教えてください。

A 株券発行会社の場合には、株券を呈示して単独で名義書換請求をすることができます。株券不発行会社の場合には、戸籍全部事項証明書、遺産分割協議書、遺言書等の一般承継を証する書面その他の資料を提供して単独で名義書換請求をすることができます。

解　説

1　株主名簿の概要

　株主名簿とは、株主の氏名・住所やその保有する株式の数・内容等を明らかにするために、会社法に基づき株式会社に作成が義務付けられている帳簿又は電磁的記録をいいます（会社121）。

　株主名簿には、大きく分けて2つの意義があり、一つは、多数の変動することが予定された株主と会社との間の法律関係（集団的法律関係）の画一的処理を認めて、会社の便宜を図る点にあり、もう一つは、株主等利害関係人の権利の確保又は行使を十全ならしめる点にあります。

2　名義書換の概要

（1）　株券発行会社の場合

株券発行会社では株券の占有者が真の権利者として推定されるため、株券の占有者が単独で会社に対して、株券を呈示して株主名簿の名義書換請求を行うことができます（会社133②、会社則22②一）。

本件において、B社が株券発行会社である場合には、株券を呈示することによって、単独で名義書換請求をすることができます。

（2）　株券不発行会社の場合

株券不発行会社における株主名簿の名義書換請求は、株式譲渡人と譲受人が共同して行うことが原則です（会社133②）。

しかし、株券不発行会社の場合においても、①株式取得者が名義株式又はその一般承継人に対して名義書換の請求をすべきことを命ずる確定判決を得た場合において、当該確定判決の内容を証する書面その他の資料（判決正本又は判決謄本、確定証明書等）を提供して請求した場合や、②株式取得者が①の確定判決と同一の効力を有するものの内容を証する書面その他の資料（和解調書正本（又は謄本）、調停調書、審判書の謄本及び確定証明書等）を提供して請求した場合や、③株式取得者が一般承継により当該株式会社の株式を取得した者である場合において、当該一般承継を証する書面その他の資料（戸籍全部事項証明書、遺産分割協議書、遺言書等）を提供した場合等、一定の場合には株式譲受人が単独で名義書換請求を行うことができます（会社133②、会社則22①各号）。

本件は、一般承継の1つである相続によりB社の株式を取得しているため（上記③の場合に該当）、B社が株券不発行会社である場合には、Aが保有していた株式を相続したことを証する書面（戸籍全部事項証明書、遺産分割協議書、遺言書等）を提供することによって、単独で名義書換請求をすることができます（会社133②、会社則22①四）。

Q8　会社に対する対抗要件具備としての株主名簿名義書換請求

Q　私は、この度、父Aが保有していた非上場会社B社の株式を単独で相続しました。先日、B社から父宛に定時株主総会の招集通知が届いたため、総会に出席するために開催日時に開催場所へと出向いたのですが、B社側から株主名簿の名義書換が完了していないことを理由に、議決権の行使を拒否されました。株主名簿の名義書換が完了していない場合、議決権行使をすることはできないのでしょうか。

A　株主名簿名義書換請求を経なければ、会社に対して自らが株主であることを対抗できないため、議決権行使をすることができません。

解説

1　株主名簿の効力

　相続を含む株式の移転があった場合、株式の取得者が会社に対して権利行使するためには、株主名簿の名義書換をしなければ、会社に対して自らが株主であることを対抗できません（会社130①）。その結果、名義書換未了の株主は、議決権行使を含む会社に対する権利行使をすることができません。

　このような株主名簿の効力が認められる趣旨は、株主と会社との間の法律関係（集団的法律関係）の画一的な処理を図る点にあり、たとえ会社が株式譲渡の事実を知っていたとしても、株主名簿に記載された名義人を株主として取り扱えば足りるとされています。

もっとも、会社が、会社の責任において名義書換未了の株主を株主として取り扱い、同人の権利行使を認容することは許されると解されています（最判昭30・10・20民集9・11・1657）。

　なお、相続人が複数人いる場合には、被相続人の株式を共同相続することにより株式の準共有状態が生じますが、株式の共有者は、原則として当該株式について権利行使者を一人定めて会社へ通知しなければ、議決権行使を含む会社に対する権利行使をすることができません（会社106条本文）（詳しくはQ13参照）。

2　会社の名義書換の不当拒絶の効果

　会社が、適法な名義書換請求を不当に拒絶あるいはそのような場合と同視し得る事情がある場合や過失によって名義書換をしなかった場合、会社は株主として取り扱わなければならないと解されています（最判昭42・9・28民集21・7・1970、最判昭41・7・28民集20・6・1251）。

　その結果、名義書換を拒否されている名義書換請求者は、名義書換の遅滞を理由とする損害賠償請求に加えて、議決権行使を認めなかった会社の措置が違法であるとして、株主総会決議取消訴訟（会社831①）を提起する等して株主総会決議の効力を争うことが考えられます。

3　本件の検討

　本件において、株主名簿の書換えが未了の場合には、株主総会において議決権を行使することはできません。もっとも、B社が名義書換請求を不当拒絶している等の事情があれば、名義書換の遅滞を理由とする損害賠償請求に加えて株主総会決議取消訴訟を提起して事後的に株主総会の効力を争うことができます。

Q9　株主名簿の名義書換が未了であった株主の相続人による株主名簿名義書換請求

Q　この度、父Aが死亡し、私が、その相続財産を単独で全て相続することになりました。Aの遺品を整理していたところ、Cが、Aに対して、その保有する株券不発行会社である非上場会社B社の株式の全てを譲渡する内容の株式譲渡契約書を発見しました。そこで、私がB社に問い合わせたところ、B社の株主名簿にはAが記載されておらず、Cが株主のままになっていることが判明しました。この場合、私がB社に対して株主権を行使するためにはどのような手続が必要になるでしょうか。また、株主名簿の不実記載を放置することで何か弊害はあるでしょうか。

A　B社に対して株主権を行使するためには、Aの相続財産を単独で全て相続したことが明らかとなる資料を提供し、Cと共同して名義書換請求をすることが必要となります。また、株主名簿上の株主をCのままにしておくことにより、会社はCを株主として扱えばよいため、株主総会において議決権行使ができないおそれがあるほか、株主総会の招集通知等の会社から株主に対して行われる通知や剰余金の配当を受けることができません。

解説

1　株主権を行使するための手続（名義書換手続）

　株式を取得した者は株主名簿書換を経なければ、会社に対して自ら

が株主であることを対抗することができません（会社130）。

そのため、株式を取得した者が株主権を行使するためには、株主名簿の名義書換請求を経なければなりません。

（1）　株券発行会社の場合

株券発行会社の場合には、株券の占有者が真の権利者として推定されるため、株券の占有者が単独で会社に対して株券を呈示して株主名簿の名義書換請求を行うことができます（会社133②、会社則22②一）。

（2）　株券不発行会社の場合

株券不発行会社の場合、株主名簿の書換えは、原則として株主名簿上の株主（その相続人その他の一般承継人も含みます。以下同じ。）と株式取得者とが共同して請求した場合にすることができますが、名簿上の株主と共同して名義書換請求をすることが不可能か困難であり、かつ、取得者による単独での名義書換請求を認めても他の者を害するおそれがないものとして会社法施行規則で定める場合には、株式取得者が単独で名義書換請求をすることができます（会社133②、会社則22①各号）。

そして、株式取得者が単独で名義書換請求できる場合として「株式取得者が一般承継により当該株式会社の株式を取得した者である場合において、当該一般承継を証する書面その他の資料を提供して請求したとき」（会社則22①四）と定められていることから、本件のように株主名簿上の株主は現在も存在しているが、その株主名簿上の株主から株式を譲り受けた者の相続人も、単独で名義書換請求できるかが問題となります。

この点、会社法施行規則22条1項4号は、相続や吸収合併の場合には、株主名簿上の株主が既に存在しなくなっており、会社は一般承継の事実について、当該事実を証する資料（相続の場合には、戸籍謄本や遺産分割協議書）により確認できるので、株式取得者単独での請求

を認めても利害関係人を害するおそれがないことから、株式取得者単独での名義書換請求ができるとしています（弥永真生『コンメンタール会社法施行規則・電子公告規則〔第3版〕』144頁（商事法務、2021））。

このように、会社法施行規則22条1項4号は株主名簿上の株主が存在せず、株主名簿の名義書換請求権者が当該株主名簿上の株主の一般承継人であることを前提とした規定ですので、本件のように株主名簿上の株主から株式を譲り受けた者の相続人が名義書換請求をする場合には、原則どおり株主名簿上の株主と共同して行う必要があります。

さらに、株主名簿書換請求者が、現在の株主であることを証明するためには、株主名簿上の株主から株式を譲り受けた者が保有していた株式全てを相続したことを証する書面を提供する必要があります。

よって、本件において、B社に対して株主権を行使するためには、Aの相続財産を単独で全て相続したことを証する書面を提供して、Cと共同して株主名簿書換請求を行う必要があります。

2　株主名簿の名義書換をしないことによる弊害

会社は、一定の日（基準日）を定めて、当該基準日の株主名簿に記載（又は記録）されている株主（基準日株主）を、その権利を行使することができる者と定めることができます（会社124①）。

そして、集団的法律関係の迅速・簡易な処理を図る趣旨から、会社が株主に対してする通知・催告は、株主名簿上の株主の住所（株主が別の場所・連絡先を通知した場合には当該場所又は連絡先）に宛てて発すれば、通常その到達すべきであった時に到達したものとみなされます（会社126）。また、同様の趣旨から、会社は、配当財産の交付に当たっては、株主名簿上の株主の住所（又は株主が会社に通知した場所）において、交付すれば足ります（会社457①）。

そのため、名義書換未了のままにしておくと、B社は株主名簿上の

株主であるＣを株主として扱えば足りるため、名義書換未了の株主は株主総会に出席し議決権を行使する等の株主として会社の経営に参加する権利及び会社から剰余金の配当を受ける権利を行使することができないという不利益を被ることになります。

　なお、株主名簿上の株主であるＣが剰余金の配当を受けた場合には、Ｃに対して不当利得返還請求（民703）として剰余金の配当の返還を請求することができます。

Q10　名義株主から真の株主への名義変更手続

Q 　私は、この度、父Aの相続財産を単独で全て相続しました。私がAの遺品を整理していたところ、Aが、株券不発行会社である非上場会社B社の設立時に、Cの名義を借りて出資していたことが分かる資料を発見しました。そこで、私がB社に問い合わせたところ、B社株主名簿にAは記載されておらず、設立以来、Cが株主として記載されていることが判明しました。この場合、私は、B社に対して、単独で株主名簿の名義書換を求めることができるでしょうか。

A 　原則、名義株主Cの協力を得て、Cと共同してB社に対して株主名簿名義書換請求を行う必要があります。Cの協力が得られない場合には、Cに対し、株主名簿名義書換請求訴訟を提起し、確定判決を得ることで、B社に対し、単独で名義書換請求を行うことができます。

解　説

1　名義株の概要

　名義株とは、他人から名義を借用し、株式の引受け及び払込みが行われた株式であって、名義借用の結果として株主名簿上の名義人である株主とその株式に係る真の株主とが一致しない株式をいいます。

　そして、名義株に係る真の株主が誰かについて、最高裁判所は、「他人の承諾を得てその名義を用い株式を引受けた場合においては、名義人すなわち名義貸与者ではなく、実質上の引受人すなわち名義借用者がその株主となる」と判示しています（最判昭42・11・17民集21・9・2448）。

また、この真の株主となる「実質上の引受人」の判断に当たっては、裁判実務上、①株式取得資金の拠出者、②関係当事者間の関係及びその間の合意内容、③株式取得の目的、④取得後の利益配当金や新株等の帰属状況、⑤関係当事者と会社との関係、⑥名義借りの理由の合理性、⑦株主総会における議決権行使状況などの考慮要素に照らして判断されており、中でも特に①株式取得資金の拠出者が誰であるかという要素が重視される傾向にあります（東京地判昭57・3・30判タ471・220等）。

2　真の株主への名義変更手続

　株主名簿上の名義株につき、実質上の引受人（真の株主）名義に変更するためには、名義株主の任意の協力が得られる場合は、名義株主との間で名義株であることを確認する内容の確認書を作成し、名義株主と共同で、会社に対し、株主名簿名義書換請求を行います（会社133②）。

　これに対し、名義株主の協力が得られない場合には、真の株主が名義株主に対し、株主権確認請求とともに株主名簿名義書換請求訴訟を提起し、確定判決等を得ることで、真の株主は、会社に対し、単独で、株主名簿の名義書換を請求することができるようになります（会社133②、会社則22①一・二）。

　また、会社設立時や新株発行時に株式を引き受けて原始株主となった者は、会社法132条1項に基づき、会社に対して、株主名簿記載事項（会社121）を株主名簿に記載するよう請求できると解されているため（東京高判令元・11・20金判1584・26）、かかる場合には単独で名義書換を請求できます。そして、当該権利は、株主名簿の作成を怠っている会社に対しても行使できると解されています（同判例）。

3　本件の場合

　名義株に係る真の株主は、株式の実質上の引受人となり、その判断

に当たっては、株式取得資金の出捐者が誰であるかが重視されるところ、本件では、Aが、株主名簿上のCの株式につき、出資金を拠出しているため、当該株式に係る真の株主はAである可能性が高いと考えられます。

　そのため、Aの相続財産を全て相続した質問者は、これによりC名義株式も承継したとして、Cの協力を得て、Cと共同でB社に対し、株主名簿の名義書換を請求することができます。

　他方でCの協力が得られない場合には、質問者は、Cに対して株主名簿名義書換請求訴訟を提起し、その確定判決を得ることで、B社に対して、単独で株主名簿名義書換請求を行うことができます。

　また、B社に対して直接、原始株主の株主名簿記載請求権に基づき、Aが原始株主であることを前提とした記載を株主名簿に記載するよう請求することもできます。

Q11 株主名簿の内容の確認

Q 私は、父Ａが保有していた非上場会社Ｂ社の株式を単独で相続し、株主名簿の名義書換手続も完了しました。この度、Ｂ社への影響力を増すために、Ｂ社の他の株主からＢ社株式を買い取りたいと考えていますが、誰が株主であるか分かりません。そこで私は、株式譲受けの目的で現在の株主が誰であるかを知るために、Ｂ社に対して、株主名簿の閲覧謄写を求めることはできるでしょうか。

A 株主名簿の閲覧謄写請求の拒絶事由に該当せずＢ社に対して株主名簿の閲覧謄写を求めることができると考えられます。

解説

1 株主名簿閲覧謄写請求権

株主名簿には株主の氏名又は名称・住所やその保有する株式の数・内容等が記載されており（会社121各号等）、会社は株主名簿を会社の本店に備え置かなければなりません（会社125①）。

そして、株主や債権者は、会社の営業時間内はいつでも、理由を明らかにした上で、当該株主名簿を閲覧し、又は謄写を請求することができます（会社125②）。

株主は、当該請求によって得た株主名簿の写しを、自己が株主であることを証明するための資料として用いたり、あるいは当該株主名簿に記載（又は記録）された株主情報（氏名、住所）に基づき、少数株主権の行使のために必要な持ち株要件を充足するために他の株主を募ったり、プロキシーファイトのための仲間を探すことができるように

なります。

　そして、株主名簿の閲覧謄写請求権は、直接的には株主等が権利の確保又は行使に関して調査を行うことを可能にして株主等の利益を図るものであるが、間接的には株主等をして株主構成について会社の状態を監視させることにより、株主名簿の記載・記録が会社により改ざんされるおそれを防ぎ会社の利益を保護しようとするものと解されています（酒巻俊雄＝龍田節編集代表『逐条解説　会社法（2）』205頁（中央経済社、2008））。特に、少数株主が、支配株主などの会社側と株式の売却交渉を行う場合には、株主名簿を用いて他の株主を募って、会社の私物化や違法な業務執行を正すことやそのような不正が行われないよう監視する目的で少数株主権を積極的に行使することにより、支配株主側が適正な価格あるいはこれに近づいた価格での株式売却を実現できる場合があります（権利行使についてはQ44以下参照）。

2　拒絶事由

　会社法125条3項は、会社が株主名簿の閲覧謄写請求の拒絶事由を次のとおり定めています。

　（1）　請求者が権利の確保又は行使に関する調査以外の目的で請求を行ったとき（会社125③一）

　株主が委任状勧誘を行う場合や少数株主権の行使のために必要な持ち株要件を充足するために他の株主を募ることは、「株主の権利の確保又は行使に関する調査」を目的とするものといえ、会社法125条3項1号には該当しません。

　また、公開買付に当たっての応募の勧誘目的での株主名簿閲覧謄写請求が会社法125条3項所定の拒絶事由に該当するかが争われた事案において、株主総会における発言権を強化することは株主の権利の確保又は行使の実効性を高めるための最も有力な方法であって、株主が他の株主から株式を譲り受けることは株主の権利の確保又は行使と密

第1章　株券と株主名簿　　　43

接な関連を有するものといえるから、株式譲受けの目的で現在の株主が誰であるかを確認することは「株主の権利の確保又は行使に関する調査」に該当し、この理は公開買付の場合も異ならないとして、公開買付目的の株主名簿閲覧謄写請求は会社法125条3項1号に該当しないと判断した裁判例があります（東京地決平24・12・21金判1408・52）。

　他方、会社法125条3項1号に該当する例としては、その目的が不適当な宣伝活動に出るおそれがあるとき（長崎地判昭63・6・28判時1298・145）、新聞等の購読料名下の金員の支払を再開、継続させる目的をもってなされた嫌がらせ、又は金員の支払を打ち切ったことに対する報復目的であるとき（最判平2・4・17裁判集民159・449）などです。

　この点、金融商品取引法上の損害賠償請求訴訟の原告を募る目的で行った株主名簿の閲覧謄写請求について、株主名簿の閲覧謄写請求権は株主を保護するために株主として有する権利を適切に行使するために認められたものであり、権利行使には株主であることが前提となるものであるが、請求権者が株主である必要がない金融商品取引法上の損害賠償請求とはその制度趣旨を異にするものであり「株主の権利の確保又は行使に関する調査」に該当しないと判断した裁判例があります（名古屋高決平22・6・17資料商事316・198）。

　かかる裁判例に照らすと、株主であることが前提となっていない権利行使を目的とする閲覧謄写請求権は、会社法125条3項1号に該当するものと考えられます。

　　（2）　請求者が、株主名簿から知得した情報を、利益を得て第三者に開示し、あるいは株主の共同の利益を害する等の図利加害目的をもって請求を行ったとき（会社125③二）

　著しく多数の株主等があえて同時に閲覧謄写を求めるときや、殊更に株式会社に不利な情報を流布して株式会社の信用を失墜させ、又は株価を下落させるなどの目的で閲覧請求を求めるようなときが該当します（東京地決平22・7・20金判1348・14）。

(3)　請求者が会社の業務と実質的に競争関係にある事業を営み、又はこれに従事するものであるとき（会社125③三）

　会計帳簿閲覧謄写請求権の拒絶事由と同様の規定を定めたものですが、記載事項が競業に利用されて会社が不利益を被る危険性が高い会計帳簿とは異なり、株主名簿には株主構成に関わる情報が記載されているにすぎず、閲覧謄写によって得られた情報が競業に利用されて会社が不利益を被る危険性が高いとはいえないことから、株主名簿に記載された情報が競業者に知られることによって不利益を被るような性質・態様で事業を営むものに限定して適用されると解する裁判例（東京地判平22・7・20金判1348・14）があります。

　(4)　請求者が閲覧等によって知り得た事実を利益を得て第三者に通報するため請求を行ったとき（会社125③三）

　株主のプライバシーを害するおそれがあることから拒絶事由となっており、名簿屋に情報を売却するために請求を行う場合がこれに当たります。

　(5)　請求者が、過去2年以内に、閲覧等によって知り得た事実を利益を得て第三者に通報したことがあるものであるとき（会社125③四）

　会社法125条3項4号と同様に株主のプライバシーを害するおそれがあるため、拒絶事由となっています。

3　本件の検討

　他の株主からB社株式を譲り受けることを目的とする株主名簿閲覧謄写請求は、「株主の権利の確保又は行使に関する調査」に該当し会社法125条3項1号に該当しないと考えられ（東京地決平24・12・21金判1408・52参照）、他の拒絶事由（会社125③各号）に該当する事情がない場合には、B社に対して株主名簿の閲覧謄写を求めることができると考えられます。

第2章　非上場株式の準共有

○概　説

　相続絡みで非上場株式の権利行使などを行う場合、非上場株式の準共有が問題となることがあります。株式は、法律上は物ではなく権利であるため、権利を共有するという意味で「準共有」という語が使われます。

　相続が発生し、株式について遺産分割が成立していない場合、株式は準共有状態になります。準共有の意味、総論についてはＱ12で解説しています。

　また、現在は平成30年相続法改正により、改正前の遺留分減殺請求権は遺留分侵害額請求権という金銭請求権に改められましたが、相続法改正前は、遺言等によって遺留分を侵害された者が遺留分減殺請求権を行使した場合、相続財産の株式は、遺留分権利者と受遺者等の準共有状態になっていました。

　準共有株式については、民法上の共有に関する規定が適用されるとともに、会社法上もその権利行使をするには権利行使者の通知が必要となるなど、留意すべき点があります。準共有株式につき、議決権など権利行使を行う際の方法はＱ13で解説しています。

　準共有株式の規律は、民法・会社法の理解が必要となるとともに、判例・裁判例で問題となった論点もあるため、若干複雑なものとなっています。準共有者の過半数決定で権利行使者を定める際に協議が必要か否か、また賛否不明の場合の処理方針等についてはＱ14で解説しています。

　また、権利行使者が、他の準共有者の意向に従わない場合の対応方法（権利行使者の解任）についてはＱ15で解説しています。

Q12 非上場株式の準共有とは（総論）

Q X社の非上場株式100株を有する被相続人Aが死亡しました。遺言はなく、相続人は妻B、子のCとDの3名です。まだ遺産の分け方は決まっていません。X社の株式は誰がどのように権利を持つのでしょうか。

A 相続人Bが2分の1、相続人CとDが各4分の1の割合でX社株式100株を準共有することになります。

解説

被相続人が死亡した場合、被相続人が有していた非上場株式は相続財産です。遺言がなく複数の相続人がいる場合には、遺産分割が成立するまでの間、当該非上場株式は相続人の準共有となります（民898①・264、最判昭45・1・22民集24・1・1）。各相続人の準共有持分の割合は、法定相続分（民900・901）に従います（民898②）。

準共有とは、所有権以外の権利が共有されている状態のことです（民264）。準共有の場合も、民法の共有に関する規定が適用されます（民249〜262）。その結果、準共有株式の変更には他の共有者の同意を要し（民251）、管理に関する事項については共有者の持分価格に従いその過半数で決定し（民252①）、保存行為については、各共有者が単独でできることとなります（民252⑤）。

ここで留意すべき点としては、株式が、相続開始と同時に当然に相続分に応じて分割されるわけではないことです。つまり、本件の場合に、X社株式100株が、法定相続分に従いBが50株、CとDが各25株を持つという意味ではありません。あくまでもX社株式100株の1株1

株につき、法定相続分に従いBが2分の1、CとDが各4分の1の割合で、準共有持分を有することになります。

　最終的には、相続人であるB、C、Dが遺産分割を行うことによってX社株式の相続人を決めることになりますが、それまではこのように準共有という暫定的状態となるわけです。なお、Q28のとおり、他の相続財産の分割に先立ち、遺産の一部分割として株式のみを遺産分割することも可能です。

　準共有株式の場合、議決権行使を行う場合やその他株主としての権利行使を行う場合に通常の株式とは異なる法的規律があります。これらについては、Q13以降で見ていきます。

Q13　準共有株主の権利行使方法

Q　X社の非上場株式100株を有する被相続人Aが死亡しました。遺言はなく、相続人は、Aの妻Bと子のC及びDの合計3人です。株主総会に出席して、議決権などの権利を行使するにはどうすればよいのでしょうか。

A　B、C及びDの3名が持分過半数で株式の権利行使者を定め、X社に対し通知する必要があります。その際には権利行使者の指定とともに会社からの通知の受領者も定め、これらを書面で送付することがよいでしょう。その上で権利行使者が議決権等を行使することになります。

なお、株主名簿の名義書換が未了の場合はこれも完了しておく必要があります。

解説

1　準共有株式の権利行使には権利行使者の指定が必要

Q12のとおり、株主が死亡し、遺言がなく複数の相続人がいる場合、株式は遺産分割がなされるまで相続人で準共有されます。

準共有株主は、そのうちの1名を権利行使者と定めてその者の氏名又は名称を会社に通知しなければ、株主としての権利行使をすることができません（会社106本文）。

例えば、株主総会で議決権を行使するためには、この権利行使者指定の通知を会社に対して行う必要があります。議決権に限らず、例えば株主提案権、質問権の行使、会計帳簿閲覧請求権の行使、株主代表訴訟や株主総会決議取消訴訟の提起等についても同様です（第6章「非

第2章　非上場株式の準共有

上場株式の換価と権利行使」参照)。

　ただし、会社が準共有株主による権利行使に同意した場合は、その限りではなく、権利行使者の指定と通知なしに準共有株主が議決権その他の権利を行使することが可能となります（会社106ただし書）。もっとも、前提として議決権行使が民法の共有の規定に従ったものである必要があり（Q12参照）、そうでない場合にまで会社の同意により議決権行使が適法になるわけではありません（最判平27・2・19民集69・1・25）。

　権利行使者を指定する通知については、法律上は方式の限定はありませんが、証拠化のために、各準共有者の署名押印のある書面でなされることが通常です。なお、まずは会社に問合せを行い、手続の進め方や必要書類につき確認するという方法でもよいでしょう。株式取扱規程がある場合は手続や必要書類が定められていることも多いです。

　なお、準共有株式の場合、権利行使者の指定とともに、会社からの通知・催告を受領する者（会社126③）も、併せて定めておくことが便宜です。

【権利行使者（通知催告受領者）指定書　書式例】

権利行使者指定書

Ｘ株式会社　御中

　下記株式につき、準共有者間の決定により、権利行使者及び通知催告の受領者を　　Ｂ　　と指定します。

記

貴社普通株式　100株

令和○年○月○日

準共有株主
　　住所　　（略）
　　氏名　　Ｂ　㊞

```
準共有株主
  住所　（略）
  氏名　　C　㊞
準共有株主
  住所　（略）
  氏名　　D　㊞
```

　これらに加え、権利行使の前提として、株主名簿の書換えも済ませておく必要がありますので、その点にも留意が必要です（Q7・Q8参照）。名義書換が未了の場合、会社が相続人による議決権行使を拒絶してきた場合に対抗できないためです（会社130①）。権利行使者の指定通知等と同時に行うことも一つです。

2　権利行使者を指定するための要件

　相続人である株式の各準共有者は、どのようにして権利行使者を決めればよいのでしょうか。

　権利行使者の指定は、準共有持分の価格に従いその過半数をもって決することができると解されています（最判平9・1・28判時1599・139参照）。これは、民法上の共有の規定（民252①）に従ったものです。

　また、判例では、有効に指定・通知された権利行使者は、他の準共有者の意見に反する権利行使も可能と解されています（最判昭53・4・14民集32・3・601参照）。

　なお、この際に一部の準共有者を関与させず協議すらなく、過半数の賛成をもって指定ができるか否かについてはQ14で説明します。

3　本件の検討

　本件の場合も、相続人であるB、C及びDが、法定相続分に従い、Bが2分の1、CとDがそれぞれ4分の1の準共有持分を有しますの

で、その過半数の賛成により、権利行使者を決めることとなります。

権利行使者の指定とともに会社からの通知の受領者も定め、これらを、相続人全員が署名押印した通知書に記載し会社へ送付することがよいでしょう。

その上で、会社に通知した権利行使者が、株主総会での議決権等を行使することとなります。

> コラム
> ○権利行使者の指定・通知のない場合の議決権等の行使方法
> 　本文では、会社法の原則どおり権利行使者を指定し会社に通知の上、権利行使者が議決権行使を行う方法を説明しました。
> 　もっとも、会社が同意すれば、準共有者が権利行使者の指定と通知を会社に行うことなく準共有株式の権利行使をすることが可能です（会社106ただし書）。ただしこの場合でも、準共有株式の議決権行使が適法となるためには、その権利行使が準共有者間で民法の共有規定（民251・252）に従っている必要があります。
> 　判例（最判平27・2・19民集69・1・25）では、準共有に属する株式の議決権行使は、①原則として株式の管理に関する行為として、各準共有者の持分の価格に従い過半数で決せられること、②例外として当該議決権の行使をもって直ちに株式を処分し、又は株式の内容を変更することになるなど特段の事情がある場合はその限りでないこと（この場合は全員の同意が必要）とされています。この判例では、取締役の選任議案、代表取締役の選任議案、本店所在地変更の定款変更議案に対する議決権行使が問題とされました。これらはいずれも議案の可決により株式の処分又は株式の内容変更を及ぼすものではないことから、特段の事情（上記②）はなく、原則どおり持分価格の過半数で決定できる（上記①）と判断されました。なお、判例の事案と異なり、持分過半数ではなく準共有者全員の同意が必要な例としては、合併等の組織再編行為の議案、株式併合等のいわゆるスクイーズ・アウトの議案、株式の内容を変更する定款変更議案等で、準共有株式が発行済株式の大部分以上を占めるような場合

が考えられます。

　例えば、株式を2名が50％ずつ準共有している場合、権利行使者でもない1名（この者が役員等の会社側の人間であることもあります。）が、勝手に議決権行使することは、会社の同意があったとしても準共有者の持分過半数を満たさないため無効となります。

　準共有株式の規律は令和3年物権法改正による影響も議論されるなど、近時議論が活発な分野の一つです。具体的事案における対応は、専門家への相談をおすすめします。

Q14 非上場株式の権利行使をめぐるトラブル（権利行使者を定めるための協議の要否、賛否不明の場合の処理）

Q X社の非上場株式100株を有する被相続人Aが死亡しました。遺言はなく、相続人は、Aの妻Bと子のC、D及びEの合計4人です。Bと私Cは同居しており、いつでも話ができますが、DはB、Cと折り合いが悪く、住所は分かりますが事実上連絡がとれません。EはB、Cと絶縁状態で住所も分からず連絡がとれません。このように、遺産を分けるための協議も、株式の処理についての話もスムーズにできない状況です。株式について会社に権利行使するにはどう処理すればよいのでしょうか。

A 準共有株主の持分過半数の決定により権利行使者を定めることになりますが、基本的には準共有者全員と協議の機会を設けるか、少なくとも協議の機会を与えることが望ましいといえます。

解説

1 権利行使者を定めるに当たっての協議の要否

Q12・Q13でも解説したとおり、本件のX社株式は、相続人であるB、C、D及びEの準共有となります。当該株式につき権利行使するには、準共有株主間で、持分過半数の決定により権利行使者1名を定めて会社に通知する必要があります（会社106本文）。

本件では、法定相続分に従い、Bが50％、C、D及びEがそれぞれ

16.6％の持分を有しますので、過半数で決定するとすれば、最低限Bともう1名の賛成が必要となります。本件でも例えばBとCの意見が一致していれば、過半数は満たすことになります。

ただし、ここで権利行使者を定めるに当たり、DとEとも協議を行う必要があるのか、つまりBとCのみで決めてよいのかどうかは問題があります。民法上も共有物の管理行為を持分過半数で決定する場合（民252①）、共有者間の協議が必要かどうかは、最高裁判例がなく裁判例・学説も分かれています（準共有株式の権利行使者指定の場面において、その他の具体的事情の下で、協議を一切行わなかったことを権利濫用とした裁判例として、大阪高裁平成20年11月28日判決（金判1345・38）。また、令和3年物権法改正の際にも、法制審議会で議論がなされた結果、協議の要否を法制化して明示することが見送られた経緯にあります。）。

近時の裁判官執筆の論稿では、協議や協議に参加する機会は要件ではなく、過半数の持分を有する者だけで権利行使者の指定をすることができ、具体的な事案において少数派の権利が不当に侵害されているような場合は、多数派による権利行使者の指定が権利の濫用に当たるなどとして妥当な解決を図るべきとの見解が示されています（石田明彦ほか「新・類型別会社訴訟4　会社訴訟における株式の準共有をめぐる諸問題」判例タイムズ1499号56頁（2022）等）。

以上より、裁判の場合には協議が必須ではないと判断される可能性もあるものの、無用な争いが発生するリスクを避けるためには、基本的には協議を経る、又は協議の機会を設けることが無難と考えられます。

2　協議が困難な場合の方策等

上記のように法解釈上は見解が分かれるものの、一部の準共有者を

協議に参加させなかった場合に、会社に不備を指摘されるリスクや、後に他の準共有者との間で法的紛争となることを避けるためには、基本的には協議を経る方向で進めるのが望ましいと考えられます。

第一には、現実の協議の機会を設けることを目指し、対面が難しい場合には、WEB会議や電話による方法の協議、又はメールやSNSで協議しその内容を記録しておくことも検討に値します。

上記が困難な場合にもせめて、権利行使者の指定に同意を求める内容の文書を送るなどし、準共有者の手続保障を満たしておくことが望ましいといえます。

本件でも、連絡がとれない、若しくはとりづらいDとEに対しても、連絡先や住所地等を調査してできる限り協議を試み、相続に際し権利行使者の指定に同意を求める文書等を送付しておくことが無難といえます。

コラム
〇過半数が確保できない場合の非訟事件の活用
　本件とは異なり、権利行使者を指定したい準共有株主が少数派であり、持分過半数を満たさない場合は、令和3年物権法改正で新設された非訟事件制度の活用の余地があります。
　例えば、持分の50％を有するBの所在が不明で、他のC、D及びEが権利行使者を指定したい場合、Bの賛成がなければ原則として権利行使者指定はできません。
　もっとも、合理的な調査を尽くしても一部共有者の所在が不明な場合や、相当期間を定めて催告しても、期間内に共有物の管理に関する賛否を明らかにしない共有者がいる場合は、裁判所に申立てを行い許可を得ることにより、これらの共有者を分母から外して持分過半数の決定を行うことができます（民252②）。

Q15　権利行使者の解任・変更

Q 非上場株式を有する私の父A（被相続人）が死亡しました。遺言はなく、相続人は、被相続人の妻Bと子のC及び私Dの合計3人です。相続人の協議で、現在は被相続人の長男Cが権利行使者に指定され、会社にも通知がされています。しかし、長男Cは、会社の株主総会で、相続人である私たちの意向・指図に反して、長男C派の役員を選任し、私Dや母Bの意向を酌んでくれる役員を排除するなど、自分勝手に手続を進めていることが分かりました。
① 他の相続人の指図に反して権利行使者が独断で権利行使をするのはおかしいのではないでしょうか。
② また、権利行使者を解任して変更したいのですが、どのような手続によるべきでしょうか。

A ① 権利行使者は、会社との関係では、他の準共有者の意向や指図に反しても、自己の意向に従い準共有株式に関して権利行使することが原則として可能と解される可能性が高いです。ただし、準共有者の内部間で債務不履行責任を負う可能性はあります。
② 権利行使者の解任は、指定の場面と同様に準共有者の持分過半数で行うことが可能と解されます。

解　説

1　権利行使者が準共有者の指図に反する議決権行使等をした場合の効力

本件では、準共有株式につき権利行使者の指定がなされた場合の権

利行使方法や内容が準共有者の意向や指図に反する場合、準共有者が何ができるかが問題となります。

　この点に関し、権利行使者の指定及び通知（会社106）がなされた場合、準共有株式についての全ての権利は権利行使者のみが行使可能であり、他の準共有者が権利行使をすることはできないと解されています。そして、判例では、準共有者間で個々の決議事項につき逐一合意を要するとの取決めがされ、準共有者間に意見の相違があっても、権利行使者は自己の判断に基づき議決権行使が可能と判示されていることから（最判昭53・4・14民集32・3・601参照）、会社との関係では、権利行使者の権利行使につき権利行使方法や内容が準共有者の意向や指図に反する場合があっても原則として有効となると考えられます。ただし、例外的に会社がそのことを知っていた場合は無効とされる余地があります（民252の2④参照）。

　このことからすると、本件①でも、権利行使者として指定されたCが、他の準共有者であるBやDの意向に反して議決権を行使したとしても、少なくとも対外的な会社との関係においては、議決権行使に問題はなく原則として有効と判断されることとなります。

　もっとも、本件での準共有割合は、法定相続分に従いBが50％、C及びDが各25％であるところ、過半数を持たないCが、他のB及びDの意向や指図に明確に反して議決権行使を行っています。このように持分過半数を有しない準共有者が他の準共有者の指図等に反して権利行使を行っている場合は、準共有者間において、債務不履行責任等を負う可能性はあります。準共有者の対内的関係を法律的にどう整理するかは必ずしも定説がないところではありますが、B及びDは、Cに対して損害賠償請求ができる可能性はあるでしょう。もっともその場合、損害とは何かが問題となり、損害立証が容易ではないこともあり得ます。

2　権利行使者の解任の可否・方法

　さらに、株式の準共有状態がすぐに解消されない場合は、B及びDは、指示に従わないCに権利行使者を任せ続けることを避けるため、Cを解任し、権利行使者をBやDに変更することも考えられます。

　この点、権利行使者の解任方法については前記最高裁判例において明示されてはいないものの、実務・学説上は、解任についても、指定と同様に準共有者の持分過半数により可能であるとの見解が優勢と考えられます（民252①かっこ書参照）。

　したがって、本件②でも、持分過半数（75％）を有するB及びDが、準共有者間の決議でCを解任し、B又はDを権利行使者に指定する旨の決議を行い、その内容を新たな指定書として残すとともに、会社に通知することで、権利行使者を変更することが考えられます。この際に、Cを含む準共有者全員の協議が必要か否かについては別途問題となり得ます。この点はQ14を参照してください。

|コラム|
〇相続人等に対する株式の売渡請求

　株式会社は、相続その他一般承継により譲渡制限株式を取得した者に対し、当該株式を会社に売り渡すよう請求できることを定款に定めることができます（会社174）。

　この定款の定めがある場合、会社は株主総会特別決議により（会社175・309②三）、相続人等から強制的に株式を取得する請求をすることが可能となります（会社176）。期間制限は会社が相続その他一般承継を知ってから1年以内です（会社176①ただし書）。自己株式取得の一種であるため、財源規制に服します（会社461①五）。この場合の株式の価格は、当事者間の協議により定めるのが原則ですが（会社177①）、当事者は請求から20日以内に裁判所に対し価格決定の申立てをすることができ、その場合は撤回がない限り裁判所が価格を決定します（会社177②～④・176③）。

この制度においては、売渡請求を受けた株式取得者は原則として上記の株主総会で議決権を行使できないこととされており（会社175②）、会社側から請求を受けた場合には相続人の株式が強制取得されてしまいます。なお、裁判例では準共有状態の株主の一部に対する売渡請求も可能と解されています（東京高判平24・11・28資料商事356・30）。一方、価格決定の裁判となった場合にはいわゆる私法上の株価（第3章「非上場株式の価値」参照）による売渡しとなるため（会社177③）、株式を換価したい相続人としては、価格次第ではデメリットばかりではありません。

　相続人としては、当該売渡請求の制度が定款に定められている場合はこれにも留意しておく必要があります。なお、当該制度に関するその他の論点は加藤真朗ほか編『株主管理・少数株主対策ハンドブックー会社内部紛争の予防、事業承継・M＆Aへの備え方一』187頁以下（日本加除出版、2022）もご参照ください。

第3章　非上場株式の価値

○概　説

1　はじめに

　上場株式の価値は市場価格に現れますが、取引所に上場していない非上場株式の場合には、市場価格によってその価値を把握することができません。

　そのため、非上場株式の価値を把握するためには、会社の財務状況等を踏まえて株価の算定を行う必要があります。

　しかしながら、「税務上の時価」と「私法上の時価」という異なる時価概念があることや、「私法上の時価」の算定は必ずしも容易ではないことから、非上場株式の価値をめぐって紛争が生じることがあります。

2　2つの異なる「時価」概念があること

　非上場株式については、前項でも述べたように「税務上の時価」と「私法上の時価」という異なる2つの時価概念があります。

　前者の「税務上の時価」は、あくまでも贈与税、相続税等の課税関係が問題となる局面において使用される時価概念です。税務処理の便宜のために財産評価基本通達という国税庁の通達が定める算定方式によって算定されるものであり、「時価」というものの当該株式の"実際の価値"を表すものではありません。

　これに対して、後者の「私法上の時価」は、当該株式の"実際上の価値"を意味する概念であり、文字どおりの意味での「時価」と同じ意味です。

　実務上、税務上の時価のことも私法上の時価のことも、単に「時価」と表現されるのが一般的であるため、これらの概念が混同され、例え

ば「税務上の時価、イコール、当該株式の実際上の価値」と誤解されることが珍しくありません。しかしながら、両者は全く別物です。

そして、税務上の時価よりも私法上の時価の方が高額となる場合も少なくないため、非上場株式の価値をめぐる紛争の一因にもなっています。

そこで、本章「1　税務上の株価」では、まず税務上の時価と私法上の時価の異同についてQ16に記載しています。その上で、税務上の時価に関連する事項としては、Q17で税務上の時価の把握が問題となる場面を、Q18で相続税法上の時価の算定方法の概要を、Q19で相続税法上の時価の算定に必要となる資料を、それぞれ記載しています。

3　私法上の時価の算定方式

非上場株式の私法上の時価の算定方法については、様々なものがあるところ、採用する手法によって評価額に差が生じ得ます。

どのような算定方法を採用するのが適切であるかについては、事案類型や当事者の属性によって決まることになります。しかしながら、適切な算定方法を把握することが難しい場合があり、特に私法上の時価が問題となる局面では、いかなる算定方法が妥当であるのかが争点となることが珍しくありません。

そのため、この点でも、非上場株式の価値をめぐる紛争が生じることになります。

そこで、本章「2　私法上の株価」では、まずQ20で各算定方法の内容やそれらがどのような場合に用いられる傾向があるかについて記載しています。そして、任意の買取交渉において、私法上の株価を把握する必要性について、Q21で記載しています。その上で、近時非上場株式の私法上の時価を算定する際に用いられることが少なくないDCF法につき、Q22では必要となる資料を、Q23では会社に必要資料

を開示させる方法を、Q24では事業計画の作成がない場合の算定方法を、Q25では評価の妥当性の検証を、それぞれ記載しています。

　また、私法上の時価の算定方法のうち、比較的専門家でなくても株価の算出が可能な純資産法による算定につきQ26で記載しています。

1 税務上の株価

Q16 税務上の評価と私法上の評価

Q 非上場株式の評価に当たっては、実務上、国税庁が定める通達に基づいて算定した税務上の評価が参考とされることがありますが、これは民法や会社法等の私法上の評価と異なるものなのでしょうか。税務上の評価と私法上の評価の違いについて教えてください。

A 非上場株式の税務上の評価では、国税庁が定める通達による画一的な評価が行われるのに対し、民法や会社法等の私法上の評価では、特定の評価方法が定められておらず、それぞれの事案ごとに評価方法を個別的に判断して評価が行われるという違いがあります。そのため、同じ非上場株式の評価であっても、税務上の評価額と私法上の評価額が乖離することも珍しくありません。

解 説

1 税務上の評価

非上場株式の譲渡や相続等があった場合、それに伴い生じる税金の計算のため、非上場株式の税務上の評価額（時価）を把握する必要があります。

税務上の評価といっても、税目（相続税、所得税、法人税）により評価方法に違いがありますが、実務上、国税庁が定める通達に依拠した評価が行われている点はいずれの税目でも同じです。以下では、本

書のテーマとの関係上、相続税法上の評価について解説します。

相続税法は、財産評価の原則について、同法3章で特別の定めのあるものを除くほか、相続等により取得した財産の価額は、当該財産の取得の時における「時価」によって評価すると定めています（相税22）。

この点、同条の「時価」の意義については法律に規定がありませんが、判例によれば、当該財産の客観的な交換価値をいうとされています（最判令4・4・19民集76・4・411）。そして、その具体的な評価方法については、国税庁が定める財産評価基本通達（以下、「評価通達」といいます。）で定められており、実務上は評価通達による画一的な評価が行われています。

なお、評価通達は、国民に対して直接の法的効力はありませんが、上級行政庁から下級行政庁に対する命令として行政組織の内部を拘束するものであり、現実には法源と同様の機能を果たしていると解されています。

2 私法上の評価

非上場株式の評価が問題となるのは何も税務に限ったことではありません。民法や会社法等の私法においても非上場株式の評価が問題となる場合があります。具体的には、遺産分割における財産の評価や、譲渡制限株式の売買価格の決定等の場面で私法上の評価が問題となります。

税務上の評価と私法上の評価の本質的な違いは、前者では国税庁が定める通達に従った画一的な評価が行われるのに対し、後者ではそれぞれの事案ごとに適切な評価方法を個別的に判断して評価される点です。このような違いが生じるのは、税務では課税の公平性の観点等から画一的な処理が要請されるのに対し、私法ではそういった要請よりも個別事案における当事者間の利害調整が要請されるためであると解

されます。

　もちろん、税務上の評価と私法上の評価には共通する部分もあり、私法上の評価に際して税務上の評価が参考にされる場合もあります。しかし、上記の違いから、税務上の評価と私法上の評価は常に一致するわけではなく、それぞれの評価額が乖離することも珍しくありません。

Q17 税務上の時価の把握が必要となる場面

Q 税務上の評価と私法上の評価が異なることは理解しましたが、実務上、どのような場面で税務上の時価（評価額）を把握する必要が生じるのでしょうか。

A 税務上の時価（評価額）を把握する必要がある場面は税目によって異なります。相続税法上の時価については、例えば、個人が非上場株式を相続や遺贈によって取得する場面や、個人間で非上場株式の贈与や譲渡（高額又は低額）を行う場面等で問題となります。

一方で、所得税法上の時価については、個人・法人間で非上場株式の譲渡（高額又は低額）を行う場面等で、法人税法上の時価については、組織再編成を行う場面等でそれぞれ問題となります。

解説

1 相続税法上の時価の把握が必要となる場面

非上場株式の相続税法上の時価（評価額）を把握する必要があるのは、相続税や贈与税の課税関係が問題となる場面です。典型的には次のような場面で問題となります。

＜具体例＞
・個人が非上場株式を相続したとき
・個人が遺贈によって非上場株式を取得したとき
・個人間で非上場株式を贈与するとき
・個人間で非上場株式を譲渡（高額又は低額）するとき

そのほか、非上場株式を個人間で信託（他益信託）する場合も、受

益者に贈与税が課せられる可能性があるため、相続税法上の評価額を把握する必要があります。

2　所得税法上の時価の把握が必要となる場面

　所得税の課税関係が問題となる場面では非上場株式の所得税法上の時価を把握する必要があります。例えば次のような場面が挙げられます。

　＜具体例＞
　・個人・法人間で非上場株式を譲渡（高額又は低額）するとき
　・個人が非上場会社の新株（有利発行）を引き受けるとき
　・税制適格ストックオプションの付与契約時の株価を算定するとき
　・譲渡制限が付されたストックオプション（税制非適格ストックオプション）の権利を行使するとき

3　法人税法上の時価の把握が必要となる場面

　非上場株式の法人税法上の時価を把握する必要があるのは、例えば次のような場面です。

　＜具体例＞
　・法人間又は法人・個人間で非上場株式を譲渡（高額又は低額）するとき
　・法人が非上場会社の新株（有利発行）を引き受けるとき
　・組織再編成を行うとき

Q18　相続税法上の時価の算定方法の概要

　非上場株式の相続税法上の時価の算定方法の概要について教えてください。

　非上場株式の相続税法上の時価は財産評価基本通達に従い算定します。同通達では、非上場株式は「取引相場のない株式」に分類され、当該株式を取得した株主の区分、会社の規模等に応じて、純資産価額方式、類似業種比準方式、配当還元方式等の評価方法を用いて株価を算定します。

解説

1　はじめに

　非上場株式の相続税法上の時価は、国税庁が定める財産評価基本通達（以下、「評価通達」といいます。）に従い算定します。

　非上場株式は、評価通達上、「取引相場のない株式」に分類され、時価の算定の際には、株式取得者の区分や会社の規模に応じて、純資産価額方式、類似業種比準方式、配当還元方式等の評価方法が単独又は併用して適用されます。非上場株式の評価手順の全体像は図表1のとおりです。

第3章　非上場株式の価値

図表1：非上場株式の評価手順の全体像（概要）

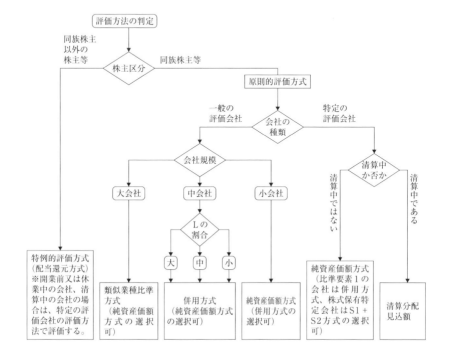

2　同族株主等の判定（株主区分）

　まず、相続や遺贈等で株式を取得した株主が、同族株主等に該当するかどうかを判定します（図表2、3参照）。

　そして、株式を取得した者が同族株主等に該当する場合は、会社の経営支配力を有していると考えられるため、評価会社の純資産価額等に着目した原則的評価方式によって株式を評価します。他方、同族株主以外の株主等に該当する場合は、会社の経営支配力を有しているとはいえず、あくまで配当への期待を有するのみと考えられることから、特例的な評価方式（配当還元方式）によって株式を評価します。

　なお、同族株主に該当する場合でも、中心的な同族株主のいる会社

のうち中心的な同族株主以外の同族株主であり、かつ、その取得後の株式数がその会社の議決権総数の5％未満である者については、「同族株主以外の株主等」に区分され、その株式は特例的評価方式によって評価します。

図表2：同族株主のいる会社における株主区分と評価方法

株主区分				評価方法
同族株主のいる会社	同族株主	取得後の議決権割合5％以上		原則的評価方式（同族株主等）
		取得後の議決権割合5％未満	中心的な同族株主がいない場合	
			中心的な同族株主がいる場合：中心的な同族株主	
			中心的な同族株主がいる場合：役員又は役員となる株主	
			その他の株主	特例的評価方式（配当還元方式）（同族株主以外の株主等）
	同族株主以外の株主			

図表3：同族株主のいない会社における株主区分と評価方法

株主区分				評価方法
同族株主のいない会社	議決権割合の合計が15％以上の株主グループに属する株主	取得後の議決権割合5％以上		原則的評価方式（同族株主等）
		取得後の議決権割合5％未満	中心的な株主がいない場合	
			中心的な株主がいる場合：役員又は役員となる株主	
			その他の株主	特例的評価方式（配当還元方式）（同族株主以外の株主等）
	議決権割合の合計が15％未満の株主グループに属する株主			

第3章　非上場株式の価値

＊同族株主：課税時期における評価会社の株主のうち、株主の1人及びその同族関係者の有する議決権の合計数がその会社の議決権総数の30％以上である場合におけるその株主及びその同族関係者をいいます。ただし、その評価会社の株主のうち、株主の1人及びその同族関係者の有する議決権の合計数が最も多いグループの有する議決権の合計数が、その会社の議決権総数の50％超である会社にあっては、50％超を占める株主グループのみが同族株主となります。
＊同族関係者：法人税法施行令4条に規定する特殊の関係のある個人又は法人をいいます。例えば、親族や使用人、当該株主が他の会社を支配している場合における当該他の会社などが同族関係者に当たります。
＊中心的な同族株主：課税時期において同族株主の1人並びにその株主の配偶者、直系血族、兄弟姉妹及び1親等の姻族（これらの者の同族関係者である会社のうち、これらの者が有する議決権の合計数がその会社の議決権総数の25％以上である会社を含みます。）の有する議決権の合計数がその会社の議決権総数の25％以上である場合におけるその株主をいいます。
＊中心的な株主：課税時期において株主の1人及びその同族関係者の有する議決権の合計がその会社の議決権総数の15％以上である株主グループのうち、いずれかのグループに単独でその会社の議決権総数の10％以上の議決権を有している株主がいる場合におけるその株主をいいます。

3　原則的評価方式

　次に原則的評価方式で評価する場合でも、会社の種類が一般の評価会社か、特定の評価会社かによって評価方式が異なります。ここで特定の評価会社とは、評価会社の資産の保有状況、営業の状態等が特殊な状況にある会社をいい、（2）で後述するとおり、評価通達上、6つの種類が定められています。一方で、一般の評価会社は、特定の評価会社以外の会社をいいます。
　（1）　一般の評価会社の場合
　　　ア　会社規模の判定
　一般の評価会社の株式を評価する場合、評価会社の従業員数、総資産価額（帳簿価格）及び直前期末以前1年間における取引金額から、

会社の規模を大会社、中会社、小会社のいずれかに区分します。

具体的には以下の2つのステップで会社規模を判定します。

① ステップ1（直前期末以前1年間における従業員数に応ずる区分）

まずは、直前期末以前1年間における従業員数が70人以上であるか、70人未満であるかによって会社規模を判定します。

従業員数が70人以上である場合は無条件で「大会社」に区分できますが、70人未満である場合は、②（ステップ2）で後述するとおり、更に総資産価額、取引金額、従業員数による判定が必要です。

② ステップ2（総資産価額（帳簿価額）、従業員数、取引金額）

従業員数が70人未満である場合は、以下の図表4に基づき、総資産価額(帳簿価額)、従業員数及び取引金額から会社規模を判定します。

図表4：総資産価額（帳簿価額）、従業員数、取引金額による判定表

①直前期末の総資産価額（帳簿価額）及び直前期末以前1年間における従業員数に応ずる区分				②直前期末以前1年間の取引金額に応ずる区分			会社規模とLの割合区分	
総資産価額（帳簿価額）			従業員数	取引金額				
卸売業	小売・サービス業	それ以外		卸売業	小売・サービス業	それ以外		
20億円以上	15億円以上	15億円以上	35人超	30億円以上	20億円以上	15億円以上	大会社	
4億円以上20億円未満	5億円以上15億円未満	5億円以上15億円未満	35人超	7億円以上30億円未満	5億円以上20億円未満	4億円以上15億円未満	中会社	0.9
2億円以上4億円未満	2.5億円以上5億円未満	2.5億円以上5億円未満	20人超35人以下	3.5億円以上7億円未満	2.5億円以上5億円未満	2億円以上4億円未満		0.75
7,000万円以上2億円未満	4,000万円以上2.5億円未満	5,000万円以上2.5億円未満	5人超20人以下	2億円以上3.5億円未満	6,000万円以上2.5億円未満	8,000万円以上2億円未満		0.6
7,000万円未満	4,000万円未満	5,000万円未満	5人以下	2億円未満	6,000万円未満	8,000万円未満	小会社	

（純資産価額と従業員数を比較し、下位の区分で判定）

（①と②を比較し、上位の区分で判定）

上記表について、まず①欄の区分において、「総資産価額（帳簿価額）」と「従業員数」のいずれか下位の区分で会社規模を判定します。次に②欄の区分でも会社規模を判定した上で、①欄の区分と②欄の区分を

比較し、より上位の区分を最終的な会社規模の区分とします。

　例えば、評価会社が①欄の区分では中会社、②欄の区分では大会社にそれぞれ該当する場合は、上位の区分である大会社と判定されます。

　　イ　会社規模に応じた評価方法

　アで会社の規模を判定した後、それぞれ図表5の評価方式で評価します。

図表5：会社規模に応じた評価方式

区分		評価方式	
		本則	選択可
大会社		類似業種比準方式	純資産価額方式 （80％評価は不可）
中会社	大 (L=0.9)	併用方式 （類似業種比準価額 × 0.9 ＋ 純資産価額 × 0.1）	純資産価額方式 （80％評価は一部不可）
	中 (L=0.75)	併用方式 （類似業種比準価額 × 0.75 ＋ 純資産価額 × 0.25）	純資産価額方式 （80％評価は一部不可）
	小 (L=0.6)	併用方式 （類似業種比準価額 × 0.6 ＋ 純資産価額 × 0.4）	純資産価額方式 （80％評価は一部不可）
小会社		純資産価額方式 （80％評価は可）	併用方式 （類似業種比準価額 × 0.5 ＋ 純資産価額 × 0.5）

　　　（ア）　類似業種比準価額

　類似業種比準価額とは、評価会社と同一ないし類似の業種の上場会社の平均株価等に比準して算出された評価会社の株式の評価額をいいます。具体的には、次の算式によって計算した金額となります。

$$\text{類似業種比準価額} = A \times \frac{\frac{Ⓑ}{B} + \frac{Ⓒ}{C} + \frac{Ⓓ}{D}}{3} \times \text{斟酌率}$$

「A」＝類似業種の株価
「B」＝課税時期の属する年の類似業種の1株当たりの配当金額
「C」＝課税時期の属する年の類似業種の1株当たりの年利益金額
「D」＝課税時期の属する年の類似業種の1株当たりの純資産価額（帳簿価額によって計算した金額）
「Ⓑ」＝評価会社の1株当たりの配当金額
「Ⓒ」＝評価会社の1株当たりの利益金額
「Ⓓ」＝評価会社の1株当たりの純資産価額（帳簿価額によって計算した金額）

※ Ⓑ、Ⓒ及びⒹの金額は、実際の発行済株式数ではなく、1株当たりの資本金等の額を50円とした場合における株式数（評価会社の資本金等の額を50円で除して得た株式数）を用いて計算します。
※ 上記算式中の斟酌率は、大会社の株式の場合は「0.7」、中会社の株式の場合は「0.6」、小会社の株式の場合は「0.5」となります。

　（イ）　純資産価額

　純資産価額とは、評価会社の総資産や負債を原則として相続税の評価に洗い替え、その評価した総資産の価額から負債や評価差額に対する法人税額等相当額を控除し、それを発行済株式数で除して算出した金額をいいます。

　もっとも、株式の取得者とその同族関係者の有する議決権の合計数が評価会社の議決権総数の50％以下である場合は、上記により計算した1株当たりの純資産価額に100分の80を乗じて計算した金額（80％評価）となります。ただし、大会社の株式を純資産価額方式で評価する場合や、中会社の株式を純資産価額方式で評価する際に類似業種比準価額に代えて純資産価額で計算した部分については、80％評価ができません（図表5参照）。

（2） 特定の評価会社の場合

評価通達においては、評価会社の資産の保有状況、営業の状態等が、次に定める特殊な状況にある会社を「特定の評価会社」と定め、清算中の会社を除き、原則として純資産価額方式によって評価することとしています（図表6参照）。

なお、評価会社が2種類以上の特定の評価会社に該当する場合は、図表6の番号が大きい方で区分します（例えば、評価会社が株式保有会社(番号2)と開業前の会社(番号5)の双方に該当するときは、開業前の会社(番号5)に区分します。)。

図表6：特定の評価会社とその評価方式

番号	種　類	評価方式
1	比準要素1の会社	① 純資産価額方式　又は ② 純資産価額方式 × 0.75 ＋ 類似業種比準方式 × 0.25
2	株式保有特定会社	① 純資産価額方式　又は ② S1＋S2方式
3	土地保有特定会社	純資産価額方式
4	開業後3年未満の会社等	純資産価額方式
5	開業前又は休業中の会社	純資産価額方式
6	清算中の会社	清算分配見込額の分配を受けると見込まれる日までの期間に応ずる基準年利率による複利原価の額

＊比準要素1の会社：類似業種比準価額の「1株当たりの配当金額」、「1株当たりの利益金額」及び「1株当たりの純資産価額」のそれぞれの金額のうち、いずれか2が0であり、かつ、直前々期末を基準にしてそれぞれの金額を計算した場合に、それぞれの金額のうち、いずれか2以上が0である評価会社をいいます。

＊株式保有特定会社：課税時期において評価会社の有する各資産を評価通達に定めるところにより評価した価額の合計額のうちに占める株式、出資及び新株予約権付社債の価額の合計額の割合が50％以上である評価会社をいいます。なお、Ｓ１＋Ｓ２方式は、評価会社の資産を株式以外のものと、株式等に分けて評価し、それらを合算する方式のことをいいます。Ｓ１は評価会社が保有する株式等とその株式等の受取配当金がないものとして計算した場合の原則的評価方式による評価額を、Ｓ２は評価会社が保有する株式等を評価通達の定めにより評価した価額をそれぞれ意味します。

＊土地保有特定会社：課税時期において評価会社の有する各資産を評価通達に定めるところにより評価した価額の合計額のうちに占める土地等の価額の合計額の割合が一定以上である評価会社をいいます。ここでいう割合について、大会社（一定額以上の総資産価額を有する小会社を含みます。）の場合は70％以上、中会社（一定額以上の総資産価額を有する小会社を含みます。）の場合は90％以上を意味します。

＊開業後３年未満の会社等：課税時期において開業後３年未満であるか、又は、類似業種比準価額の「１株当たりの配当金額」、「１株当たりの利益金額」及び「１株当たりの純資産価額」のそれぞれの金額がいずれも０である評価会社をいいます。

なお、評価会社が、株式保有特定会社又は土地保有特定会社に該当する評価会社かどうかを判定する際、課税時期前において合理的な理由もなく評価会社の資産構成に変動があり、その変動がこれらの特定の評価会社と判定されることを免れるためのものと認められるときは、その変動はなかったものとして当該判定を行うことになるので、その点留意が必要です。

4　特例的評価方式（配当還元方式）

非上場会社の株式を取得した者が同族株主以外の株主等である場合、特例的評価方式である配当還元方式で株価を算定することになります（ただし、評価会社が「開業前又は休業中の会社」若しくは「清算中の会社」に当たる場合は除きます。）。

配当還元方式とは、その株式を所有することによって受け取る1年間の配当金額を、一定の利率（10%）で還元して元本である株式の価額を評価する方法をいい、具体的には次の算式により計算されます。

$$配当還元価額 = \frac{その株式に係る年配当金額}{10\%} \times \frac{その株式の1株当たりの資本金等の額}{50円}$$

　ただし、上記算式により計算される金額が当該株式を原則的評価方式で計算した金額を超える場合には、原則的評価方式で計算した金額によって評価します。

Q19　相続税法上の時価の算定に必要となる資料

Q A社（非上場会社）の発行済株式の40％を父から相続しました。相続税の申告を行う必要があるか否かを判断するため、A社株式の相続税法上の時価を把握したいのですが、どのような資料を収集すればよいでしょうか。

A 相続税法上の時価の算定には、財産評価基本通達の適用上の必要事項が確認できる資料が必要であり、親族図（家系図）、評価会社の定款、全部事項証明書、株主名簿及び決算書類など多岐にわたる資料を収集する必要があります。

解　説

　相続税法上の時価は、国税庁が定める財産評価基本通達（以下、「評価通達」といいます。）に従って算定します。そのため、相続税法上の時価の算定に必要となる資料としては、評価通達を適用する上で必要な事項が確認できる資料ということになります。

　具体的にどのような資料が必要となるかについては、非上場会社の資産状態等によって異なり一概にはいえませんが、一般的なものを挙げれば次のとおりです。

　＜必要資料の一例＞
　・親族図（家系図）
　・定款
　・全部事項証明書
　・評価時点における株主名簿
　・直前３期分の決算書、勘定科目内訳明細書、固定資産台帳等

- 直前3期分の法人税等の申告書、法人事業概況説明書等
- 直前期の納税額一覧表
- 直前期の総勘定元帳
- 賃金台帳（直前期末以前1年間における従業員数や労働時間が確認できる資料）
- 「日本標準産業分類の分類項目と類似業種比準価額計算上の業種目との対比表」
- 「類似業種比準価額計算上の業種目及び業種目別株価等」
- 特定の評価会社の該当性を確認するための資料
- 土地・建物の登記事項証明書、固定資産評価証明書、公図、測量図、賃貸借契約書、無償返還の届出書等
- 上場株式等の評価資料（残高証明書等）
- 生命保険証券、解約返戻金証明書等

　以上の資料はあくまで一例であり、実際に必要となる資料はこれらに限らない点は留意が必要です。

2　私法上の株価

Q20　算定方法の紹介

Q 非上場会社（A社）の代表取締役であった父が死亡し、同社の発行済株式の40％を父から相続することになりました。私は、A社の経営には一切関与していないため、A社の役員らにこの株式を買い取ってもらうことになりました。

　非上場株式については複数の算定方法があると聞きましたが、どのような算定方法があるのかや、算定方法ごとの特徴などについて教えてください。

A 私法上の時価の算定方法には、大別して、収益に着目するインカム・アプローチ、純資産にコスト・アプローチ、市場データに着目するマーケット・アプローチの3つの類型があります。

　各類型ごとの代表的な算定方法とそれらの特徴については以下に解説するとおりです。

解　説

1　3類型

　私法上の時価の算定方法は、大別して、インカム・アプローチ（収益方式）、コスト・アプローチ（純資産方式）、マーケット・アプローチ（比準方式）の3つに分かれます。

　インカム・アプローチとは評価対象会社から期待される利益ないしキャッシュ・フローに基づいて株式価値を評価する方法であり、コスト・アプローチは、主として貸借対照表上の純資産に着目して株式価

第3章　非上場株式の価値

値を評価する方法であり、マーケット・アプローチとは類似する会社、事業ないし取引事例と比較して相対的な株式価値を評価する方法です。

類　型	内容・特徴	代表例
インカム・アプローチ	将来に予測される利益又はキャッシュ・フローに着目して、1株当たりの企業価値を評価する方法であり、継続企業であることを前提とした算定方法である。 　一般的に将来の（又は将来期待される）収益獲得能力を価値に反映させやすいアプローチといわれ、また、評価対象会社独自の収益性等を基に価値を測定することから、評価対象会社が持つ固有の価値を示すといわれる（日本公認会計士協会「企業価値評価ガイドライン」26頁）。	DCF法 収益還元法 配当還元法 ゴードン・モデル方式（配当還元法の一種）
コスト・アプローチ	貸借対照表上の純資産に着目して、1株当たりの企業価値を算出する方法。ネットアセット・アプローチともいう。 　帳簿上の純資産を基礎として、一定の時価評価等に基づく修正を行うため、帳簿作成が適正で時価等の情報が取りやすい状況であれば、客観性に優れていることが期待される一方、一時点の純資産に基づいた価値評価を前提とするため、のれん等が適正に計上されていない場合には、将来の収益能力の反映や、市場での取引環境の反映は難しいといえる（日本公認会計士協会「企業価値評価ガイドライン」26頁）。 　それゆえ、継続企業の前提に疑義がある会社等の株式価値評価に採用されることが多い傾向にある。	簿価純資産法 修正簿価純資産法 時価純資産法

マーケット・アプローチ	市場参加者の価値判断や、類似取引事例といったマーケットデータに基づいて、1株当たりの企業価値を評価する方法であり、継続企業であることを前提とした算定方法である。 他の企業とは異なる成長ステージにあるようなケースや、そもそも類似する上場会社がないようなケースでは評価が困難で、評価対象となっている会社固有の性質を反映させられないケースもあるといえる（日本公認会計士協会「企業価値評価ガイドライン」26頁）。 近時の裁判例においては、採用例がほとんどないため、本書では説明を割愛する。	類似上場会社法（倍率法） 取引事例法

　以下では、実務上参照されることの多い代表的な算定方法（DCF法、収益還元法、配当還元法、ゴードン・モデル方式、純資産法）についてその概略を説明した上で、複数の算定方法を折衷する方式（折衷法）の考え方と価格調整要因として問題となることの多い2つの考え方（非流動性ディスカウント、マイノリティ・ディスカウント）について説明します。

　なお、各算定方法の詳細な内容や具体的な算定過程については、日本公認会計士協会の発行する「企業価値評価ガイドライン」や、中小企業庁が公表している「経営承継法における非上場株式等評価ガイドライン」をご参照ください。

2　代表的な算定方法

（1）　DCF法

　DCF法は、将来の各事業年度のFCF（フリー・キャッシュ・フロー）を見積り、各事業年度ごとに割り引いて求めた現在価値の総和を事業

価値として求め、事業価値に非事業資産の価値を加算して企業価値を求め、企業価値から負債価値を控除して株式価値を算出する手法です。

　企業の将来の収益獲得能力や固有の性質を反映させることが可能である点で、継続企業の株式評価に適しています。

　実際、近時の裁判例においては、継続企業の評価においてはDCF法が重視される傾向にあり、また、裁判外における株式評価実務においても、「税務上の時価」に関する国税庁方式（財産評価基本通達に依拠した算定方式のこと）と並んで最も多用されています。

　DCF法におけるFCFの見積りは、通常、評価対象会社の事業計画を基に行います。また、割引率としては、株主資本コスト（同様のリスクを持つ株式に投資したときに得られると期待されるリターン）と負債コストを、それぞれ株主資本価値と負債価値で加重平均した加重平均資本コスト（WACC）を用います。

　DCF法は評価対象会社のFCF及び要求される資本コストに基づき計算される点で本源的評価法であるとされていますが、他方で評価結果が将来FCFの見通しにほぼ依存している関係上、評価結果の精緻さが将来FCFの見通しの精緻さに依存するという問題があります。実際上も、非上場会社では、財務諸表の信頼性が低い場合や、事業計画がない場合も多くFCFの見積りに不確実性を伴うことや、FCFの算定の基礎となる資料が（通常は紛争の一方当事者である）会社によって作成されたものであることから、評価者や会社側の主観や恣意が入り込む余地があるため、算定価格の妥当性が問題となることがあります。

　また、割引率も評価者の主観によって左右される面があるため、実務上その妥当性も争点化しやすいポイントとなっています。

（2）収益還元法

　収益還元法は、将来期待される法人税課税後の1株当たり純利益を一定の資本還元率（株主資本コスト）で還元する（割り引く）ことにより、元本である株式の現在価値を評価する算定方法です。

継続企業であるものの事業計画が作成されていないなどの理由でDCF法を用いることに困難を伴うケースにおいて採用されることがあります。

他方で、算定の基礎となる課税後純利益の予想や資本還元率（割引率）の決定は、専門家であっても困難な場合がある上に、それらの点において評価者の恣意が入り込む余地があるため、算定価格の妥当性が問題となることがあります。

(3) 配当還元法

配当還元法は、将来期待される1株当たりの予測配当値を、一定の資本還元率（株主資本コスト）で還元する（割り引く）ことにより、元本である株式の現在価値を算定する方法です。

非支配株主間の売買や、ごく少数の株式について取引がなされる場合など、将来の配当に対する期待を売買するのと同視できる局面における算定方法として適しています。

もっとも、内部留保等が過大に行われ、配当金額が低く抑えられている企業の場合には、株価が低く算定されてしまうという問題があります。また、中小企業においては、税務上配当を行わない場合も多くあります。そのため、配当還元法によって算定した株価が適正な価格であると主張する会社側と当該算定方式では不当に株価が低く算定されていると主張する少数株主との間で、争いとなることがあります。

(4) ゴードン・モデル方式

ゴードン・モデル方式は、上述した配当還元法の一種であり、実際に行われる配当を基準に将来の配当を予測するのではなく、内部留保の再投資の将来利益を配当の増加要因（配当成長要因）として考慮して将来の配当を予測するところに特徴があります。

(5) 純資産法

純資産法は、1株当たりの純資産額により株価を算定する方法です。

貸借対照表は一定のルールに基づいて作成されるため、純資産法に基づく算定は簡便に客観性のある評価が可能である点で優れていますが、他方で、貸借対照表はある一時点における会社の財務状況を示すものであり、会社の収益力等の貸借対照表には表れない事情を反映することができないという問題があります。そのため、継続企業の株式の評価を行う際にこの算定方法を用いることは妥当でないといわれることもあります。

　純資産法については、簿価純資産法と時価純資産法とがあります。

　簿価純資産法は、貸借対照表上の数値のみに基づいて1株当たりの純資産額を算定する方法で、明確性には優れている反面、含み損や含み益が存するなど、資産・負債の時価と簿価に乖離が生じている場合、実態に合わない算定結果となるという難点があります。

　時価純資産法は、貸借対照表上の資産・負債を時価に引き直した上で1株当たりの純資産額を算定する方法で、簿価純資産法の難点である簿価と時価の乖離を解決することができますが、時価への引き直しが必ずしも容易ではなく、この点についての明確性に欠けるという問題があります。なお、実務上は全ての資産・負債について時価評価することは現実でないため、不動産や有価証券等の主要資産のみに限定して時価への引き直しを行うことが通例となっており、このような算定方法については修正簿価純資産法と呼ぶことがあります。

3　折衷法

　折衷法とは、複数の算定方法を採用し、各算定結果に対して一定の折衷割合（加重平均値）を乗じることにより加重平均を算出する方法であり、裁判実務上（特に、非上場株式の価格をめぐる非訟事件としては最も多い紛争類型である譲渡等承認請求に伴う売買価格決定申立て事件において）、多用されている方式です。

例えば、広島地裁平成21年4月22日決定（金判1320・49）は、譲渡制限株式の売買価格決定申立事件において、買主の属性が支配株主であることに鑑み、買主にとっての株式価値の評価手法としてDCF法を採用し、売主が非支配株主であることに鑑み、売主にとっての株式価値の評価手法として配当還元法（ゴードン・モデル方式）を採用の上、DCF法に基づく価格50％：配当還元法に基づく価格50％の折衷割合でもって株価を算出しています。

4　非流動性ディスカウント、マイノリティ・ディスカウント

　いかなる算定方法を採用するのかという点や、その折衷割合をどうするのかという点とは別に実務上争点となることがあるのが、非流動性ディスカウント、マイノリティ・ディスカウントという考え方です。

（1）　非流動性ディスカウント

　非流動性ディスカウントは、流動性がないために換価が容易ではないという非上場株式の性質を株式評価に反映するために減額（ディスカウント）を実施するという考え方です。

　最高裁平成27年3月26日決定（民集69・2・365）は、非上場会社において吸収合併に際し反対株主買取請求（会社785①）がなされ、収益還元法を用いて買取価格を決定する場合に、非流動性ディスカウントを行うことはできないと解すべきであると判断しました。

　一方、最高裁令和5年5月24日決定（判タ1514・33）は、譲渡制限株式の売買価格決定（会社144②）において、譲渡制限株式に市場性がないことを理由に減価を行うことが相当と認められるときは、当該株式が任意に譲渡される場合と同様に、非流動性ディスカウントを行うことができるものと解されるとし、DCF法による評価額の算定過程において市場性がないことが考慮されていない場合、評価額から非流動性ディスカウントを行うことができると判断しました。

第3章　非上場株式の価値

　このように、事案によっては裁判上非流動性ディスカウントが行われることは十分にあり得ます。

　(2)　マイノリティ・ディスカウント

　マイノリティ・ディスカウントは、少数株主の株式は、経営に対する支配権を有するものではなく、その分（経営に対する支配権を有する株式と比して）価値が劣ることから、そのことを株式評価に反映するために減額（ディスカウント）を実施するという考え方です。

　裁判例上は、マイノリティ・ディスカウントはあまり採用されていません。

　例えば、大阪地裁平成25年1月31日決定（判時2185・142）は、譲渡制限株式の売買価格決定申立事件において、少数株主の企業価値に対する支配は基本的には配当という形でしか及ぶことはないとしつつ、そのことについては配当還元法を一定の折衷割合で採用することにより考慮できるのであるから、それに加えて更に少数派であることを理由としたディスカウントを実施することは相当ではないとの判断を示しています。

Q21 任意の買取交渉における私法上の株価（税務上の株価で買い取る旨の提案があった場合）

　　A社（非上場会社）の代表取締役であった父が死亡し、同社の発行済株式の40％を父から相続することになりました。

　私は、A社の経営には全く関与していないため、A社の役員らに対してこの株式の買取りを求めたところ、相続税申告書に記載された株式の価格（相続税評価額）での買取りを提案されました。

　この提案は妥当なのでしょうか。

　　相続税評価額という一事をもって買取価格としての妥当性を判断することはできません。

　相続税評価額が妥当かどうかは、株式の実際上の価値（私法上の時価）と比較しないと分かりません。そのため、公認会計士等に、株式の実際上の価値がどの程度のものであるかについて調査を依頼する等して私法上の時価を把握し、相続税評価額が妥当な価格であるか判断することになります。

解　説

1　「税務上の時価」と「私法上の時価」

　相続税評価額は、国税庁の財産評価基本通達に定める算定方法（国税庁方式）によって算出した株価のことをいいます。

　これは、あくまでも課税上の評価額を意味する「税務上の時価」であって、当該株式の実際上の価値という意味での「私法上の株価」とは別のものです（税務上の時価と私法上の時価が別の概念であることについてはQ16参照）。

もちろん、相続税評価額も当該株式の実際上の価値を把握する上で参考となるものではありますが、実際上の価値と大きく乖離している場合も少なくありません。

そのため、相続税評価額が買取価格として妥当なものであるかどうかについては、当該株式の私法上の時価がどの程度であるかを調べた上で、判断することが望ましいといえます。

2　私法上の時価の求め方

法律上の時価に関しては、Q20で説明したとおり、様々な算定方法があり、いずれの算定方法を採用するかによって結論たる株価に相違が出ることが多いです（各算定方法の概要・特性や、各算定方法がそれぞれいかなる場面に適しているのかについてはQ20参照）。

もっとも、私法上の時価を算定するための適切な算定方法の把握は容易ではありません。また、算定方法によっては専門家でないと難しいものもあります。

そのため、私法上の時価を算定するためには、公認会計士のような専門家に鑑定依頼を行うことが望ましいことになります。そして、公認会計士によって算定された株価と相続税評価額とを比較することで、相続税評価額が買取価格として妥当かどうかを判断することになります。

もっとも、公認会計士等に鑑定依頼するためには費用が必要となってきますので、鑑定依頼が難しい場合はあります。そこで、このような場合については、貸借対照表から簡易に算出できる簿価純資産法に基づく株価を算出し、これと相続税評価額とを比較して、相続税評価額での買取りの提案が妥当かどうかを判断することも考えられます。もっとも、簿価純資産法に基づく株価が私法上の時価と乖離していることは十分あり得ますので、その点には留意してください。

3　本件について

　本件の場合も、買取人が提案している相続税評価額が、買取価格として妥当かどうか判断するためには、私法上の時価と比較することになります。

　そこで、公認会計士等の専門家に私法上の時価の鑑定を依頼し、これによって把握した価格を考慮して、相続税評価額が買取価格として妥当かどうかを判断することになります。

　なお、公認会計士等への株価の鑑定が難しい場合については、簿価純資産法に基づく株価を算出し、これと相続税評価額とを比較して、相続税評価額での買取りの提案が妥当かどうかを判断することも考えられます。

Q22　算定のために必要となる資料

Q 現在、私が父から相続したＡ社株式（発行済株式の20％）について、Ａ社経営陣との買取交渉を行っています。
DCF法で株式の価値を把握するために、公認会計士に調査を依頼しようと考えており、自ら資料を収集したり、会社に対して、必要資料の開示を求めようと考えています。
どのような資料が必要となるでしょうか。

A 過去３～５年分の貸借対照表、損益計算書、キャッシュ・フロー計算書、勘定科目内訳明細書、事業計画書等が必要になります。

解　説

　DCF法に基づく評価は、①FCFの推定、②割引率の算定、③事業価値の算定（DCF法の算式への当てはめ）及び株主価値の算定となります。

　この算定を行うに当たっては、会社の現在の財務状況や合理的に予測された将来の財務状況を把握する必要があります。

　そこで、一般的に次のような資料が必要となります。

・会社の登記事項証明書
・株主名簿
・過去３～５年分の貸借対照表、損益計算書、キャッシュ・フロー計算書、勘定科目内訳明細書
・事業計画書
・会計帳簿等（仕訳帳、総勘定元帳等、固定資産台帳、減価償却明細表等）

そのため、本件でも以上のような資料を自ら収集しあるいは会社に対して交付を求めることになります。資料の収集方法についてはQ23・Q44に記載しています。

　また、会社の事情に応じて、上記以外の資料が必要となる場合もあります。そのため、公認会計士等の専門家に株式の評価を依頼する際に必要資料を確認するのがよいでしょう。本件の場合も、公認会計士等に上記以外に必要な資料がないかどうかを確認し、適宜会社に対し交付を求める等することになります。

第3章　非上場株式の価値

Q23　会社に資料を開示させる方法

　現在、私が父から相続したA社株式（発行済株式の20％）について、A社経営陣との買取交渉を行っています。

会社に対して、株価の算定に必要となる資料の開示を求めましたが、応じてもらえません。資料を開示させる方法はあるのでしょうか。

　　株主の権利として、会社に対して計算書類、事業報告、これらの附属明細書の閲覧、謄本又は抄本の交付を求めることができます。

また、法定の拒絶事由に該当しない限り、会社に対して会計帳簿又はこれに関する資料の閲覧謄写を求めることができます。

解　説

株主であっても、会社の経営に関与していなかった場合には、貸借対照表等の資料が手元にないことがあります。

このとき、まずは会社に対して株価算定に関わる資料の任意の開示を求めることが考えられます。しかしながら、会社が買取交渉を優位に進めるために、交渉相手方の株主に十分な資料を開示することを嫌う場合があります。

会社が任意に資料を開示しない場合であっても、会社法上定められている株主の権利に基づき、必要な資料を収集することができます。

まず、株主は、会社に対して、計算書類（貸借対照表、損益計算書、株主資本等変動計算書、個別注記表）及び事業報告、並びにこれらの

附属明細書の閲覧、謄本又は抄本の交付を請求することができます(会社442③)。

また、総株主の議決権の100分の3以上の議決権又は発行済株式の100分の3以上の株式を有する株主であれば、法定の拒絶事由に該当しない限り会社に対し請求の理由を明らかにして会計帳簿（仕訳帳、総勘定元帳等）又はこれに関する資料（伝票、受取証、契約書等）の閲覧謄写を求めることができます（会社433①）。請求の理由は、閲覧を求める理由及び閲覧させるべき会計帳簿・資料の範囲を会社が認識・判断できるように、閲覧目的等を具体的に記載する必要がありますが、請求の理由を基礎付ける事実が客観的に存在することを証明する必要はないと解されています（最判平16・7・1民集58・5・1214）。

法定の拒絶事由は、①請求者がその権利の確保又は行使に関する調査以外の目的で請求を行ったとき、②請求者が当該株式会社の業務の遂行を妨げ、株主の共同の利益を害する目的で請求を行ったとき、③請求者が当該株式会社の業務と実質的に競争関係にある事業を営み、又はこれに従事するものであるとき、④請求者が会計帳簿又はこれに関する資料の閲覧又は謄写によって知り得た事実を利益を得て第三者に通報するため請求したとき、⑤請求者が、過去2年以内において、会計帳簿又はこれに関する資料の閲覧又は謄写によって知り得た事実を利益を得て第三者に通報したことがあるものであるときです（会社433②）。判例上、非公開会社において株式を譲渡しようとする株主が株式の適正な価格を算定する目的で会計帳簿の閲覧謄写請求をする場合は、特段の事情がない限り拒絶事由に当たらないとされています(上記最判)。他には、相続した株式を通じて会社の経営支配等に関して多大な影響を及ぼし得る立場となった株主が、今後会社の経営にどの程度関与ないし影響力を及ぼしていくか否かの問題を含めて、被相続人の遺産分割問題に適切に対応していくには、株式の時価評価を的確に

行うことが、相続税の申告のためのみならず、遺産全体の中における株式の重要性の有無を的確に知るために必要であり、その前提として、会計帳簿等によって相手方の経営状態等を正確に把握したいという目的には合理性があるとして、拒絶事由に該当しないとした判例があります（東京高決平13・9・3金判1136・22）。

なお、上記以外の資料の収集方法についてはQ44に記載していますので、こちらの方もご参照ください。

本件では、A社発行済株式の20％を保有しているため、株価算定のために必要であるとして、A社に対して計算書類の閲覧や謄本・抄本の交付を請求し、また会計帳簿の閲覧謄写を請求することができます。

Q24　事業計画が作成されていない場合（DCF法）

　A社の代表取締役であった父が死亡し、同社の発行済株式の40％を父から相続することになりました。現在、A社の役員らからこの株式の売却を求められており、価格についての交渉を行っています。

　この株式の価値を把握するために、DCF法による株式評価を実施したいと考えているのですが、A社は事業計画を作成していません。このような場合において、DCF法に基づく算定を行うために必要となるFCF（フリー・キャッシュ・フロー）を把握する方法はあるのでしょうか。

　事業計画が作成されていない場合であっても、過去の財務実績データを基礎としてFCFを予測できることはあります。

解　説

1　FCFの推定計算

　DCF法は将来の各事業年度のFCF（フリー・キャッシュ・フロー）を基に株式評価を行う方法です。そのため、DCF法で株式を算定するためには、FCFの算定をする必要があります。

　FCFとは、事業活動を通じて生み出されるキャッシュ・フローで、株主及び債権者に分配可能なものをいいます。FCFは、税引後営業利益から、減価償却費を加算し、設備投資費を控除し、運転資本の増減を調整することにより算定されます。

第3章　非上場株式の価値

> FCF ＝ 税引後営業利益 ＋ 減価償却費 － 設備投資額 ± 運転資本増減額

　将来のFCFを推測するとき、上の算式に将来の計画数値を当てはめなければなりませんので、将来のキャッシュ・フロー獲得能力について合理的に予測することが必要になります。

　実務上は、3～5年分程度の中期事業計画に基づく、予測損益計算書・予測貸借対照表・設備投資計画等の資料を用いて算定を行うことが一般的です。なお、予測貸借対照表につきましては、運転資本増減額の把握に用いるものですが、運転資本増減額は直近の回転期間における運転資本額から推計することができますので、不可欠ではありません。

　また、会社が事業計画を作成していない場合であっても、FCFの推定計算が不可能となるわけではありません。判例の中には、会社が事業計画を作成していない場合にも、過去3～5年分程度の財務実績データを基礎としてFCFを予測することが行われているとしてDCF法を採用したものがあります（東京地決平26・9・26金判1463・44等）。このように、事業計画の代わりに過去の財務実績データに基づきFCFを推定計算することも可能です。

2　本件への当てはめ

　A社は事業計画を作成していないため、事業計画を用いる一般的なFCFの算定方法を採ることはできません。ただし、過去3～5年分の財務実績データを収集して過去のFCFを把握し、それを基礎として将来獲得するFCFを推定計算することができる可能性はあります。

Q25 評価の妥当性の検証（DCF法）

 現在、私が父から相続したA社株式（発行済株式の20％）について、A社経営陣との買取交渉を行っています。

今般、A社経営陣からDCF法に基づく株式評価書が提示されました。

この評価の内容の妥当性を検討したいのですが、具体的にいかなる点に留意して検討を行う必要があるでしょうか。

A　DCF法での株式評価では、算定の際に必要となるFCF（フリー・キャッシュ・フロー）の推定計算や割引率の算定において、評価者の主観や恣意が入り込みやすいことから、これらの要素を中心に算定の妥当性を検討することになります。

解説

1　はじめに

DCF法は、将来のFCFを推定計算し、その値を現在価値に割り引いて還元する方法です。DCF法の中心的な要素である将来のFCFは、将来予測を伴いますので、どの資料に基づきどのように予測するかについて、会社や評価者の主観や恣意の影響を受ける可能性があります。また、現在価値へ還元する際の割引率も株価に大きな影響を与える要素でありますが、その算定過程の中に評価者に裁量がある部分があります。

そのため、DCF法による株価算定の妥当性を検討する際には、これらの要素を中心として行うことになります。

第3章　非上場株式の価値

2　将来のFCFの推定計算

　DCF法による算定において、将来のFCFの推定値は算定の基礎となる重要な要素です。FCFの推定計算は、将来予測を伴う作業であり、合理的な将来の計画に基づいて計算されなければなりません。

　ところが、この作業の基礎となる資料である事業計画は、通常は紛争の一方当事者である会社によって作成されたものです。そうすると、会社側が意図する鑑定結果を得るために、事業計画を操作したり都合のよい資料を採用したりすることも可能といえます。DCF法の算式に当てはめた場合、FCFが大きいと株価は高くなり、FCFが小さいと株価は低くなりますので、例えば株式の買取価格を低く抑えたい会社側が事業計画を控えめに作成し、その結果株価が低く評価されていることもあり得ます。

　よって、株価評価書におけるFCFの推定計算が妥当であるか十分に検証する必要があります。その際には、算定の基礎となった事業計画等が妥当であるか、過去の会社の業績、今後の市場の動向等の諸般の事情に照らして精査するべきです。

3　割引率の算定

（1）　割引率について

　割引率とは、将来のキャッシュ・フローの現在価値を求めるための値であり、投資家の要求利回りを意味します。

　割引が必要となるのは、将来の時点においては現在の価値に投資利回りを乗じた額の増額が生じているため、将来のFCFの値をそのまま現在の価値とすることができないからです。

（2）　割引率の算定方法

　投資家が要求する利回りのことを「要求利回り」や「期待収益率」といいます。これは投資を受ける会社の側からみますと資金調達のコ

ストを意味し、これを「資本コスト」といいます。ゆえに、割引率は資本コストを計算することで導かれます。ただし、会社の資本調達先は株主だけではなく、金融機関等の債権者も含まれますので、資本コストを算定するに当たっては、債権者と株主のそれぞれから調達した資本のコストの加重平均を行う必要があります。そして、このようにして算出される「加重平均資本コスト」（WACC）がDCF法における割引率となります。

加重平均資本コストは、次の計算式により算出されます。

加重平均資本コスト ＝ ①実効税率分を控除した負債コスト × ②負債比率
　　　　　　　　　　＋
　　　　　　　　　　③株主資本比率 × ④株主資本コスト
---

①の「実効税率分を控除した負債コスト」は、有利子負債の利子率のことです。会社の過去の調達金利や事業計画上の調達金利等に基づいて「負債コスト」を算定した上で、負債の節税効果を反映する観点から実効税率分を控除することによって計算します。

②の「負債比率」は調達資本のうち有利子負債が占める比率をいいます。

③の「株主資本比率」は調達資本のうち株主資本が占める比率をいいます。

④の「株主資本コスト」は、株主資本の利子率のことをいいます。株主資本コストは、資本資産評価モデル（CAPM）に基づく計算式によって算定されるのが一般的であり、その計算式は次のとおりです。

---
④株主資本コスト ＝ ⑤リスクフリー・レート
　　　　　　　　　＋
　　　　　　　　　⑥β値 × 株式市場全体の超過収益力
　　　　　　　　　＋
　　　　　　　　　⑦固有のリスク・プレミアム

第3章　非上場株式の価値

　⑤の「リスクフリー・レート」は、リスクを負うことなく安全に得られる収益率のことをいいます。実務上は、10年物国債の流通利回りを適用することが一般的です。

　⑥の「β値 × 株式市場全体の超過収益力」は、マーケット全体の要求利回りに対して、マーケット全体の収益率の変動に対する個別銘柄の収益率の感応度を示すβ値を乗じたものです。実務上、「株式市場全体の超過収益力」については、専門の情報提供会社の調査による統計データに基づいて算定することが一般的であり、また「β値」については、過去の一定期間における株式指数の変化率と類似上場会社の株価の変化率を回帰分析する等して求めた値に対して、一定の調整を加える等して算定されます。この「β値」の算定に関しては、いかなる期間のデータを用いるか、類似上場会社の選定をどうするかといった点で、評価者によって異なり得る部分となります。

　⑦の「固有のリスク・プレミアム」とは、当該会社に特有のリスクがある場合に株主資本コストに反映させるものです。この点についても、評価者によって見解が異なり得る部分となります。

（3）　割引率の妥当性を判断する必要性

　（2）で述べたように、割引率の算定過程には、評価者に裁量のある部分が含まれます。DCF法の算式に当てはめた場合、割引率が大きいと株価が小さくなり、割引率が小さいと株価が大きくなりますので、会社側の要望を反映した割引率となっている可能性があります。よって、株価評価書が採用する割引率が妥当であるか十分に検証する必要があります。

4　結　論

　上述のとおり、FCFの推定計算及び割引率の算定は、評価者や会社側の恣意・主観の影響が及び得るものです。そして、これらの値の違

いによって株価の評価が大きく異なってくる場合も少なくありません。

それゆえ、正当な価格での買取りを実現するためには、会社側が作成した株式評価書における株価を鵜呑みにすることなく、株主側においても株価の算定過程の妥当性や適切な評価額について検討することが不可欠です。

その際には、DCF法による算定は複雑で専門的な知識を要するものであり、その妥当性を判断するに当たっても個人で検討するには限界があるため、公認会計士等の専門家に相談することが重要です。

以上から、本件において、DCF法による株価算定の妥当性を検討するためには、公認会計士等の専門家に、FCFの推定計算や割引率の妥当性を中心に検討してもらうことになります。

Q26 純資産法

Q 純資産法について教えてください。

A 会社の貸借対照表上の純資産額を基礎として1株当たりの価値を算定する方法です。貸借対照表記載をそのまま用いる方法と、時価額に引き直す方法があります。

解説

1 純資産法とは

純資産法とは、貸借対照表上の純資産額を基礎として、1株当たりの純資産額によって株価を算定する方式をいいます。

貸借対照表は一定のルールに基づいて作成されるものですので、純資産方式に基づく算定は簡便に客観性のある評価が可能である点において優れています。他方で、貸借対照表はある一時点における会社の財産状況を示すものであり、会社の収益力等の貸借対照表には表れない事情を反映することができないとの短所があります。

純資産法は、不動産の重要性が高い企業や収益予測が困難な企業などで採用される場合があります。また、清算予定の会社の株式を評価する際に用いられる場合もあります。

2 簿価純資産法

簿価純資産法とは、会社の直近の貸借対照表の純資産額を株式価値とする方法です。

明確性には優れていますが、含み損や含み益が存するなど、資産・

負債の時価と簿価に乖離が生じている場合、実態に合わない算定結果となるという難点があります。

3　時価純資産法

時価純資産法は、会社の直近の貸借対照表に計上されている資産・負債を時価評価し、時価評価後の純資産額を株式価値とする方法です。この方法により2の簿価純資産法の難点である簿価と時価の乖離を解決することができます。

実務上、全ての資産・負債について時価評価をすることは現実的ではありませんので、不動産や有価証券等の主要資産のみに限定して時価評価を行うことが通例となっており、これを修正簿価純資産法と呼ぶことがあります。例えば、遺産分割において、建物所有を目的とする会社の非上場株式の評価に当たり、純資産法を基礎とした上で、その前提となる会社所有の不動産の評価につき収益価額に基づいて算出した判例があります（大阪高決昭58・2・7判タ502・184）。会社の資産に不動産が含まれる場合は、不動産鑑定士に鑑定を依頼して不動産の時価を確認することが望ましいといえます。

なお、時価純資産法では、使用する時価によって、①再調達時価純資産法と②清算処分時価純資産法に分類することができます。

①再調達時価純資産法は、個別資産の時価を評価時点において再度調達した場合の時価を基礎とするものです。これは継続企業の視点に立つものといえます。

一方、②清算処分時価純資産法は、個別時資産の時価を評価時点において処分するとした場合の時価を基礎とするものです。これは解散する企業に適したものといえます。

第4章　遺産分割と非上場株式

○概　説

1　遺産分割の基礎知識

（1）　遺産共有状態の解消

共同相続の場合には相続財産が各共同相続人の共有に属するとされており（民898①）、遺産分割は、こうした共有関係を解消し、相続財産を構成している個々の相続財産について各相続人の単独所有にするなど、終局的な帰属を確定させるために行われます（民909）。

（2）　相続分

相続分とは、積極財産・消極財産を含む相続財産全体に対する各共同相続人の持分をいいます。被相続人が遺言により指定している場合を除き、民法の定める相続分（法定相続分）が適用されます（民900）。

法定相続分に従って解決することが当事者の公平感にかなうことから、遺言のない遺産分割協議の事案では法定相続分に応じて分配されるよう解決を進めていくことが一般的です。

法定相続分に応じた各人の取得額を算出するためには遺産全体の額を算定する必要があり、これを算定した後に、法定相続分に応じた各人の取得額を算出し、遺産分割を進めていくことになるのが一般的です。

（3）　相続分の変動

各人の具体的な相続分については相続財産に法定相続分を乗じることのみで最終的に解決することができるわけではなく、相続分は、相続分の放棄・譲渡、特別受益の持戻し、寄与分の斟酌により変動することがあります。

特別受益の持戻しとは、相続分の前渡しとみられる被相続人からの

特別な受益（贈与）に関し、計算上相続財産に持ち戻して相続分を算定することをいいます（民903）。

例えば、共同相続人の中に生前被相続人から生計の資本として100万円の贈与を受けた者がいる事案の場合、その100万円を相続開始時の相続財産に加算し、特別受益を受けた者の相続分の算定に当たっては法定相続分を乗じて得られた相続分から特別受益を控除して計算されることになります。

また、寄与分とは、被相続人の財産の維持や増加に特別の寄与をした者がいる場合に、その寄与分を控除した額を相続財産とし、特別の寄与をした者の相続分の算定に当たっては算定された相続分に対して寄与分を加えた額とする制度をいいます（民904の2）。

遺産分割協議において特別受益や寄与分が争点となる事案では、その特別受益や寄与分の評価を行い、遺産分割の内容に反映させていく必要がありますが、これらの事実の有無及び評価の額をめぐっては争いが生じやすく、最終的には裁判所を通じた解決となることも少なくありません。

（4） 遺産分割の手続

遺産分割は、まずは相続人間で話合いによる解決ができないかを模索することとなります。

話合いによる解決がまとまらない場合には、裁判所における調停・審判によって手続を進めることになります。

もっとも、名義株に該当するかどうかなど、遺産分割において相続財産に含まれるか否かについて争いが生じた場合、遺産分割調停や審判とは別に、相続財産に含まれることの確認を求める訴えを提起する必要があります。そのため、Q27では、非上場株式の遺産帰属性について争いがある場合における遺産分割手続の進め方について解説しています。

2 遺産分割と非上場株式の特殊性

　上記のとおり、遺産分割の前提として、遺産の総額を把握する必要があるところ、遺産中に非上場株式がある場合には非上場株式の評価が必要となります。ところが、非上場株式の評価については、いかなる算定方法を採用して株価を算定するかの判断は必ずしも容易ではなく、いずれの算定方法を採用するかによって結論に相違が出ることが多いです（第3章「非上場株式の価値」参照）。

　そのため、安易に相手方から提案された株価で遺産分割に応じてしまうと、客観的に妥当な株式価値よりも安価となる評価額を前提とした遺産分割を行う事態が生じ得ます。そこで、このような事態を避けるため、Q28では、非上場株式の一部分割を先行して行うことを求められた場合の対応を、Q29では、相続税評価額を前提とした遺産分割を求められた場合の対応を、それぞれ解説しています。

　また、遺産中の非上場株式全てを単独で相続したいものの、そのための代償金を支払うだけの資力を有しない場合に、非上場株式を取得対象とするからこそできる資金調達の方法があります。また、単独で株式全ての相続ができない場合であっても、他の株式を相続する相続人と株主間契約を締結することで、会社経営を可能とすることもできます。そこで、Q31では、このような場合の代償金支払のための資金調達の方法や単独で株式を相続できない場合に株主間契約により経営を行うことを可能とする方法について解説しています。

Q27　非上場株式と遺産帰属性に争いがある場合

Q 被相続人Ａが死亡したところ、生前、Ａは、非上場会社であるＢ社の株式については、次男の私（Ｃ）に対し、長男Ｄ名義となっているものの、実際に引受け、払込みをしたのは自分であると言っていました。ところが、Ａの遺産分割協議においてＤは、自身の名義となっているＢ社の株式について、自身が引き受けて取得した株式であるとして、Ａの相続財産には含まれないと主張して譲りません。しかしながら、私の方も、Ｂ社の株式がＡの相続財産に含まれないことを前提とした遺産分割に応じるつもりはありません。このような場合、どのようにして遺産分割を進めていけばよいのでしょうか。

A 株式の相続財産帰属性に争いがあり、話合いや調停等で解決できない場合について、当該株式が相続財産に含まれることを確認する訴訟を提起し、判決等でこれを確定した上で、遺産分割についての話合いや調停等を行うことになります。

解説

1　非上場株式と相続財産帰属性に関する争い

創業者等が他人から名義を借用し株式の引受け及び払込みを行った結果、株主名簿や法人税申告書別表２の同族会社等の判定に関する明細書の名義人である株主と真の株主が一致しないことがあります。

こうした株式は「名義株」と呼ばれています。

名義株は実質上の引受人（基本的には株式取得資金の拠出者。「実

質上の引受人」の判断に当たって裁判実務上考慮される要素についてはQ10を参照）が株主になると解釈されているため（最判昭42・11・17民集21・9・2448）、遺産分割の場面では、実質上の引受人が被相続人であれば、名義株は相続財産に含まれることになります。

　もっとも、遺産分割の場面では、誰が株式取得資金を拠出したか等の実質上の引受人についての事情を知る者が既に死亡している等の理由から、名義株が相続財産に含まれるかの判断が容易でないことも少なくなく、相続人間で名義株の相続財産帰属性が争いとなることがあります。

2　紛争の解決方法

　ある財産が相続財産に含まれるか否かについて争いがある場合、家庭裁判所が、遺産分割審判において相続財産帰属性に関する判断を下したとしても、その判断には既判力（判決主文中の判断について認められる後訴における当事者及び裁判所に対する拘束力。すなわち、当事者が当該判決と矛盾したり蒸し返す請求をすること、裁判所が当該訴訟の判決主文と矛盾する判断をすることができないという効力）が生じません（最大決昭41・3・2民集20・3・360）。そのため、このような場合、遺産分割を行う前提として、地方裁判所に相続財産に属することの確認を求める訴訟を提起して相続財産帰属性を確定しておくことが必要となります。

　もっとも、相続財産帰属性について争いがある事案であっても、遺産分割を求める調停や審判の申立てを行うこと自体は可能です。そして、これらの手続の中で、当事者間で相続財産帰属性に関する合意ができれば、かかる合意を前提に調停、あるいは和解が成立することはあり得ます。そして、このような場合であれば、あらかじめ相続財産

に属することの確認を求める訴訟を提起してこれを確定した上で、遺産分割調停等を申し立てるよりも、早期に遺産分割を完了することができることになります。しかしながら、相続財産帰属性に関し、当事者間で合意ができない場合については、上記のように家庭裁判所では終局的な判断ができないため、家庭裁判所から、一旦遺産分割調停・審判を取り下げるよう求められたり、確認訴訟等において相続財産帰属性が確定するまでは調停・審判手続を中断する処置がとられることになります。そうなると、あらかじめ確認訴訟を提起して、相続財産帰属性について確定した上で、遺産分割調停・審判を申し立てるよりも、むしろ遺産分割が完了するまでの時間がかかることはあり得ます。

3 本件について

本件の場合、B社株式の相続財産帰属性について争いがあることから、基本的には、あらかじめB社株式が、Aの相続財産に帰属することの確認を求める訴訟を提起し、その相続財産帰属性を確認した上で、遺産分割調停・審判の申立てを行うことになります。

もっとも、あらかじめ確認訴訟を提起しなくても、遺産分割調停や審判の手続の中で、Dとの間で相続財産帰属性に関する合意ができそうな場合については、早期の遺産分割完了を目指すために、確認訴訟を提起することなく、直ちに遺産分割調停や審判の申立てを行うことも選択肢の一つです。しかしながら、この場合、遺産分割調停や審判手続の中で、相続財産帰属性に関する合意ができなければ、かえって解決まで時間がかかることになりかねませんので、いずれの手続を先にとるかについては、このような危険性も考慮しながら、決めることになります。

Q28　遺産の一部分割

Q　被相続人Ａが死亡しました。遺言はなく、相続人は妻の私（Ｂ）と長男Ｃ、次男Ｄの３人です。Ａは生前Ｅ社株式を保有していました。Ｅ社の代表取締役としてＥ社を経営しているＣは、遺産のうち、全てのＥ社株式を相続したいと考えており、ＢとＤもこれに賛成しています。もっとも、遺産には、Ｅ社株式の他に不動産や多数の金融資産があるため、相続財産全ての遺産分割協議が成立するまでは数年間かかる見込みです。そのため、Ｃからは、ＢとＤに対して、取りあえずＥ社株式の遺産分割協議を先行して行いたいとの提案がありました。私（Ｂ）は、最低でも法定相続分に応じた遺産を相続したいと考えていますが、Ｃの提案に対してどのように対応すべきでしょうか。

A　基本的には遺産の一部分割も有効であり、このような処理自体に法的問題はありません。しかしながら、株式につき先行して遺産分割を行った場合、残部の未分割遺産から自身の法定相続分に応じた財産を相続することができないことがありますので、一部分割に応じるのであれば、残部の未分割遺産から自身の法定相続分に応じた財産を相続できることを確認した上で、これに応じるべきです。また、一部遺産分割では、法定相続分に応じた財産を相続できるかどうかが不透明な場合や、分割後に評価額をめぐる争いが生じる場合がありますので、そもそもこれに応じないという対応もあり得ます。

解説

1 遺産の一部分割

　遺産分割については、遺言により遺産分割を行うこと自体が禁じられている場合や共同相続人間で合意した遺産分割を行わない旨の契約に抵触する場合でなければ、共同相続人の協議により、一部についてのみ、分割することができます（民907①）。

　したがって、本件の場合も、Aが遺言により遺産分割を禁止している場合や、B、C、D間でE社株式の遺産分割を行わない旨の契約を締結している場合でなければ、協議によりE社株式のみ先行して遺産分割を行うことはできます。

2 一部分割を求められた場合の対応

　一部分割を行う場合、先行して分割する財産が多額であるときには、未分割遺産から自身の法定相続分に応じた遺産を相続することができないという事態が生じ得ます。特に、一部分割の対象となる財産が非上場株式のように、その評価額を把握することが必ずしも容易ではない財産の場合に、このような事態が生じやすいといえます（具体的な株価算定方法については第3章「非上場株式の価値」参照）。

　例えば、相続人が被相続人の子ども2人で、相続財産として非上場株式1,000株のほかには、1,000万円の預貯金しか存在しない事案において、相続人の1人にのみ当該株式を相続させる旨の一部遺産分割を行った場合、当該株式の価値の合計が1,000万円であれば、もう1人の相続人は預貯金残額を相続することで自己の法定相続分に応じた財産を相続することができます。しかしながら、当該株式の価値の合計額が1億円であった場合、1,000万円の預貯金全てを相続しても、もう1人の相続人は、自己の法定相続分に応じた遺産を相続できないことになってしまいます。

そのため、遺産の一部のみについて先行して遺産分割を行う場合は、対象となる遺産の評価額を把握した上で、残った未分割遺産から、法定相続分に応じた遺産を相続できるか否かを確認しておくことが重要です。

もっとも、一部分割の対象となる財産の評価額の算定が容易ではない場合については、未分割遺産から法定相続分に応じた遺産を相続することができるかどうかが不透明であることがあります。また、一部分割後に評価額をめぐって争いが生じるおそれがあることもあります。そのため、そもそも一部分割には応じないとの対応も十分にあり得ます。

3 本件について

本件の場合、Bは最低でも法定相続分に応じた遺産を相続したいと考えているのであれば、E社の株式につき先行して一部遺産分割を行うとしても、公認会計士に鑑定を依頼するなどしてその評価額を把握した上で、残った未分割遺産から自己の法定相続分に応じた財産を相続できることを確認した上で、これに応じるべきです。

また、E社の株式については非上場株式であって、一部分割後に評価額をめぐって争いが生じることが考えられるため、そもそも一部分割には応じないという対応もあり得ます。

Q29　非上場株式の評価が問題となる遺産分割

Q　発行済株式総数1万株である非上場会社A社の株式5,000株を有する被相続人Bが死亡しました。遺言はなく、相続人は長男Cと次男の私（D）の2人です。遺産分割協議を行うに当たり、A社を経営しているCからは、A社の株式の評価額は、相続税評価額である1株当たり1万円であることを前提としてC、Dの相続分を決定したいと提案されました。しかしながら、簿価純資産法に基づいて算出されるA社の1株当たりの株式の価格は、5万円を下らないといわれていたため、上記のCの提案には納得できません。この場合、私は、どのように対応すればよいのでしょうか。

A　相続税評価額を前提とした遺産分割に納得できないのであれば、これに応じる必要はありません。その上で、公認会計士等の専門家に適切な株価の鑑定を依頼して算出された株価、あるいは簿価純資産法に基づいて算出した株価等を主張して、遺産分割に関する交渉を行っていくことになります。

　そして、C、D間においてA社株式の評価額につき納得できる価格での合意ができるのであれば、これを前提とした遺産分割協議を行うことになりますが、合意ができない場合については、遺産分割調停や審判の申立てを行わざるを得ないことになります。

解　説

1　遺産分割における非上場株式評価の必要性

　遺産分割において、特定の遺産を特定の相続人が取得し、他の相続

人には他の財産を取得させるという内容での遺産分割協議を行う場合（特定の相続人が遺産を取得し、他の相続人に対し代償金を支払う代償分割の場合を含みます。）には、分割内容の相当性や代償金額の相当性を判断するための資料として、遺産分割時点における遺産の評価額が必要となります。そのため、遺産分割の対象となる遺産に非上場株式が含まれる場合には、その評価額を決める必要も生じてくることになります。

2 遺産分割協議（裁判外）における非上場株式の評価額の主張方法

　遺産分割協議において非上場株式の評価額が問題となった場合、相手方が国税庁の定める財産評価基本通達にのっとった方式（国税庁方式）に基づいて算出した株価や株券における額面価格を前提とした遺産分割を提案することがあります。

　これは、税務上の株価である相続税評価額（税務上の株価と私法上の株価が別の概念であることについてはＱ16参照）や額面価格は、実際の株式価格と必ずしも一致しないことを認識していないことが要因であると考えられます。

　遺産分割協議が成立せず遺産分割調停手続や遺産分割審判手続に移行した場合において、裁判所が鑑定手続の結果等に基づき、相続税評価額や額面価格よりも高額な株価を算定する可能性があることからすれば、相手方の提案に納得できない場合に応じる必要はありません。

　当事者間において、非上場株式の時価が問題となった場合、公認会計士等の専門家に対して私的鑑定を依頼し、これによって算出された評価額をもって交渉することが考えられます。

　もっとも、私的鑑定に当たっては鑑定費用が発生することはさることながら、鑑定を依頼した者が望む株価が算出されるとは限らないこ

とや、遺産分割協議が成立せずに遺産分割調停ないし審判に移行した場合には裁判所が私的鑑定を前提に非上場株式の評価額を決定するとは限らないことから、場合によっては、公認会計士等の専門家でなくとも比較的算出が容易な簿価純資産法によって算出した評価額を主張することも十分考えられます。

なお、簿価純資産法によって評価額を算出する場合、当該価格が適正であることを裏付ける十分な根拠を有していないことが多く、遺産分割協議や遺産分割審判において裁判所がこれを認定することは期待できず、かつ相手方も簿価純資産法によって算出した評価額を前提とした交渉には応じない可能性が高いことには注意が必要です。

3　遺産分割調停・遺産分割審判手続における非上場株式の評価

遺産分割協議において当事者間で非上場株式の評価額について合意ができず、遺産分割協議が不成立となった場合には、遺産分割調停さらには遺産分割審判を申し立てて、公認会計士等による鑑定が実施されるケースが多いです（なお、遺産分割調停を経ずに審判を申し立てたとしても、裁判所の職権で調停に付されることが多いです（家事274①）。）。

裁判所が選任した鑑定人（公認会計士等の専門家）が、会社の会計資料を基に非上場株式の評価を行いますが、会社が不動産を所有しており株式の評価の前提として不動産鑑定が必要となる場合、裁判所は、まず不動産鑑定士を鑑定人に選任して不動産鑑定を実施した後、公認会計士を鑑定人に選任して株価鑑定を実施します。

鑑定費用は、事前に当事者が分担して予納することになります（民訴費11①・12①・18）。調停が成立する場合、当事者がそれぞれ法定相続分に応じて負担する鑑定費用の金額を定める条項を作成することが多いですが、特段の定めをしない場合には鑑定費用は各自の負担（家事28

①）となります。

　最終的に、裁判所は、当事者に対して、株価鑑定の結果や当事者の主張・証拠を踏まえて遺産の評価額並びに具体的相続分の算定及び分割方法の確定をして調停案を示し、当事者が調停案に合意すれば調停が成立して調停調書が作成されますが、調停が成立しなければ自動的に審判へ移行し、裁判所は審判手続において行われた当事者の主張や提出された資料を踏まえて審判をすることになります。

4　本件について

　遺産分割協議が成立せず遺産分割調停手続や遺産分割審判手続に移行した場合において、裁判所が相続税評価額よりも高額な株価を算定する可能性があって、Dは、Cの提案に納得できない以上、相続税評価額を前提とした遺産分割に応じる必要はありません。

　その上で、Dとしては、公認会計士等の専門家にA社株式の株価の私的鑑定を依頼し、その結果算出された評価額を主張し、当該評価額を前提とした遺産分割を実現できるよう交渉することが考えられます。また、鑑定費用等の点から、専門家に株価の鑑定を依頼することが困難である場合については、簿価純資産法によって算出した評価額である1株当たり5万円を主張し、これを前提とした遺産分割を実現できるよう交渉することになります。

　そして、以上のような交渉の結果、C、D互いに納得できる評価額の合意ができるのであれば、これを前提とした遺産分割を行うことになります。一方、このような合意ができない場合について、遺産分割調停、さらには遺産分割審判を申し立てて、株価鑑定を実施し、かかる鑑定の結果や当事者の主張・証拠を踏まえて裁判所が示す調停案にC、Dが合意できれば調停が成立し、調停が成立しなければ審判がされることになります。

Q30 被相続人の死亡前に、相続人に対して非上場株式の生前贈与がなされている場合の遺産分割（特別受益該当性、持戻し免除、算定基準時）

Q 被相続人Ａが死亡しました。遺言はなく、相続人は妻である私（Ｂ）、長男Ｃと長女Ｄの３人です。Ａは、生前Ｃに対して、Ａが代表取締役を務めていたＥ社の非上場株式500株を、５年に分けて100株ずつ生前贈与していました。生前贈与の対象となったＥ社の株式については、贈与開始した時の株価１株当たり10万円でしたが、その後に会社の業績が上向いたため、Ａの死亡時には１株当たり30万円まで価値が上がっていました。なお、Ａの遺産には、Ｅ社の株式のほかには預貯金5,000万円があります。

このような場合、法定相続分に応じた遺産分割を行うとすれば、私や他の相続人であるＣ、Ｄの具体的相続分はどうなるのでしょうか。

A 法定相続分に従って遺産分割を行う場合、相続開始前の相続人に被相続人から贈与された株式は通常は特別受益に該当すると考えられます。

Ａの持戻し免除の意思表示が認められるか否かにより、Ｂ、Ｃ、Ｄの具体的相続分が異なります。

解説

1 特別受益

共同相続人中に、被相続人から、遺贈を受け、又は婚姻若しくは養

子縁組のため若しくは生計の資本として贈与を受けた特別受益者があるときは、共同相続人間の衡平の観点から、特別受益財産を考慮して法定（又は指定）相続分が修正されることになります。

具体的には、被相続人が相続開始時において有した財産の価額に、特別受益者が受けた遺贈あるいは生前贈与の価額を加えて（「持戻し」）、これを相続財産の額とみなし（「みなし相続財産」）、これに各共同相続人の法定（又は指定）相続分を乗じて各相続人が取得すべき本来の相続分（「一応の相続分」）を算出した上で、特別受益者については、この一応の相続分から、遺贈又は贈与の価額を控除することで、修正された各相続人の相続分（具体的相続分）を算出することになります（民903①）。

例えば、遺産総額が1,000万円、子のX、Y 2人のみが相続人である場合に、子のYが生計の資本として生前に被相続人から500万円の贈与を受けていた場合のみなし相続財産や各相続人の具体的相続分は、次のようになります。

① みなし相続財産

1,500万円（1,000万円 ＋ 500万円）

② 具体的相続分

X：750万円（1,500万円 × 1/2）

Y：250万円（1,500万円 × 1/2 － 500万円）

生前譲与が「生計の資本」に該当するかどうかについては、贈与金額、贈与の趣旨などから判断されることになりますが、相続分の前渡しと認められる程度に高額の金員の贈与は、原則として特別受益になると解されています。

2　特別受益の評価時点

　前記のとおり、共同相続人の中に特別受益者がいる場合、相続開始時に被相続人が有した財産に、特別受益の額を加算してみなし相続財産を確定する必要があります。

　相続開始時に被相続人が有した財産に加算する特別受益となる財産の評価基準時は相続開始時とするのが判例・通説です（最判昭51・3・18民集30・2・111、潮見佳男『詳解相続法〔第2版〕』252頁（弘文堂、2022））。

　そのため、株式の贈与を受けた後に会社が成長し、相続開始時に株式の評価額が増加しているようなケースでは、贈与時の評価額よりも高額な評価額で特別受益の額が算定されることになります。

　なお、非上場株式の評価方法の詳細については、第3章「非上場株式の価値」で解説していますので、そちらをご参照ください。

3　持戻し免除

　以上は、特別受益者がいる場合の一般的な処理ですが、被相続人の意思により、特別受益財産を相続開始時のみなし財産に算入せずに、それ以外の遺産を基礎として遺産分割を行うこともでき、これを持戻し免除と呼びます（民903③）。

　例えば、上記1で述べた事例において、持戻し免除の意思表示が認められる場合、500万円の生前贈与については、持戻しがなされず、具体的相続分の算出において考慮されないことから、X、Yの具体的相続分は、いずれも500万円（＝ 1,000万円 × 1/2）となります。

　持戻し免除の意思表示は、遺言等により明示的に行われることがあるほか、黙示的に行われていることもあります。黙示的に持戻し免除の意思表示がされているか否かについては、贈与の内容及び価額、贈与がされた動機、被相続人と受遺者である相続人及びその他の相続人

との生活関係、相続人及び被相続人の職業、経済状態及び健康状態、他の相続人が受けた贈与の内容・価額等の事情を総合考慮して判断されることになります（雨宮則夫＝石田敏明編『遺産相続訴訟の実務』193頁（新日本法規出版、2001））。

もっとも、遺留分を侵害する持戻し免除の意思表示があった場合、特別受益に当たる生前贈与額は遺留分算定の基礎となる財産額に算入されるものと解されており（最決平24・1・26家月64・7・100）、他の共同相続人から遺留分侵害額請求を受ける可能性があります。

4 本件の場合

本件では、AはCに対し、非上場株式であるE社の株式500株を生前贈与しているところ、生前贈与を開始した時の株式の評価額を前提としても年1,000万円相当の生前贈与が行われていることになるため、通常は、相続分の前渡しと認められる程度に高額の贈与がなされたものとして、特別受益者に該当することになります。

そのため、当該株式の生前贈与につき、持戻し免除の意思表示が認められない限り、B、Dの具体的相続分については、相続開始時における財産である預貯金5,000万円に、生前贈与されたE社株式500株の相続開始時の評価額1,500万円を加えた6,500万円をみなし相続財産として、これにB、Dの法定相続分を乗じて算出することになります。その結果、Bの具体的相続分については3,250万円（＝6,500万円×法定相続分1/2）に、Dの具体的相続分については1,625万円（＝6,500万円×法定相続分1/4）になります。これに対し、Cの具体的相続分については、上記みなし相続財産6,500万円に法定相続分4分の1を乗じた価額からE社株式500株の相続開始時の評価額である1,500万円を控除した125万円となります。

一方、Aに上記Cへの株式の生前贈与につき、持戻し免除の意思表示が認められる場合については、当該生前贈与についての持戻しがなされず、具体的相続財産の算出において考慮されないため、Bの具体的相続分は2,500万円（＝ 預貯金5,000万円 × 法定相続分1/2）、C、Dの具体的相続分については各1,250万円（＝ 預貯金5,000万円 × 法定相続分1/4）ということになります。

Q31 代償金を支払う資力がないために株式の単独相続が困難となっている場合の遺産分割

Q 被相続人Ａは生前長男である私（Ｂ）と一緒に、取締役会非設置会社であり、発行済株式総数が1,000株であるＣ社を経営していました。Ａに遺言はなく、相続人は妻のＤ、長男の私と次男Ｅの３人です。現在のＣ社株式の価値が１株当たり10万円であることについては相続人間で争いはありません。Ａの遺産は、Ｃ社株式1,000株（評価額：１億円）のほかには、3,000万円の預貯金があるだけです。Ｃ社の株式1,000株については、同社を経営し、その取締役に就任している私が単独で相続したいと思っているのですが、現時点では私には、ＤやＥに対して代償金を支払う資力はありません。このような場合に、遺産分割において私がＣ社の株式全部を相続するための代償金を支払うための方法として、どのようなものがあるのでしょうか。また、私に加えてＤやＥがＣ社の株式を相続し、私の持株比率が総議決権の過半数を下回る場合であっても、私が引き続き取締役を解任されることなくＣ社を経営していく方法はないのでしょうか。

Ａ Ｂが、Ｃ社株式全てを取得するために他の相続人に対して支払う代償金の原資を調達する方法としては、ＢがＣ社から貸付けを受け、そこから株式取得の代償金を支払う方法や、株式の一部をＣ社に取得させ、その対価から代償金を支払う方法があります。また、代償金の支払が難しい等のために、遺産分割により、Ｂ以外の相続人がＣ社の株主となる場合に、引き続きＢが取締役としてＣ社を経営することができるようにするための方法としては、株式を取得する相続人間で株主間契約を締結する方法や、Ｂ以外の株主全員がＢが有する株式以外の株式を無議決権株式とする方法があります。

解説

1　役員貸付け

　株式相続による代償金の支払原資を確保する一つの方法として、株式を相続する相続人が、会社から借入れを行うことで代償金の支払原資を確保し、他の相続人に対し代償金を支払うことが考えられます。その場合の返済方法としては、借入れを行った者の毎月の役員報酬の一部から返済を行う等があります。

　もっとも、会社から借入れを行う相続人が取締役である場合、会社から金銭の貸付けを受けることは利益相反取引に該当することになりますので、取締役会非設置会社については株主総会の承認決議（会社309①）が、取締役会設置会社については取締役会の承認決議が、それぞれ必要となります（会社356①二・365①）。

2　自己株式の取得

　株式相続による代償金の支払原資を確保する方法としては、相続する株式の一部を当該会社に取得させ、その対価をもって代償金の支払に充てることも考えられます。

　このように会社が自社の発行済株式を取得することは自己株式の取得に該当しますが、自己株式取得をするに当たっては、法定の手続及び財源規制に留意する必要があります。

　まず、相続人株主との合意によって自己株式を取得するための法定の手続ですが、会社が公開会社である場合（全株式譲渡制限会社ではない場合）又は相続人株主が株主総会で一度も当該相続株式について議決権を行使していない場合を除き、当該相続人株主には売主追加請求権がない（会社162）ため、株主への売主追加請求権の通知（会社160②・299①、会社則28一）をすることなく、株主総会の特別決議において取得

株式数や対価の金銭等の総額、取得期間、特定の株主に通知を行う旨を定めることになります（会社160①・156①・309②二）。その後、取締役会設置会社においては取締役会（取締役会非設置会社においては株主総会決議を要するとの見解が有力です（江頭憲治郎『株式会社法〔第9版〕』261頁（有斐閣、2024）。）において、株主総会において決定した取得枠の範囲内で取得株式数、取得価額、申込期日等を定め（会社157①②）、その後相続人株主への通知を行い（会社160⑤・158①）、当該相続人株主から株式の譲渡しの申込みを受ける（会社159①）ことが必要とされています。

また、自己株式取得の財源規制ですが、自己株式取得は会社資金を株主に払い戻すものであることから、その金銭の総額が自己株式取得の効力発生日の「分配可能額」を超えてはならない（会社461①二・三）ことに注意が必要です。

3　株主間契約

上記1や2で述べた方法を採ることができない等のために、相続人間で株式を分割しなければならず、会社を経営する後継者等の特定株主の持株比率が減少し、総議決権の過半数を下回る等の場合において、特定の相続人が引き続き会社の経営を安定的に行うための方法としては、株式を相続する株主間において株主間契約を締結することが考えられます。例えば、取締役の選任解任につき、特定の株主（取締役に就任するなど、経営を行う株主）の意思に従って他の株主（経営への関与を希望しない株主）が議決権を行使する旨の株主間契約を締結すれば、取締役の選任解任をコントロールすることができますので、継続して取締役として会社を経営していくことが可能となります。もっとも、株主間契約については、相続の発生等により契約の効力が失われる可能性があることや、合意に反する議決権の行使がなされたとし

ても、その議決権行使の効力が無効とならない可能性があることに注意してください。

なお、株主間契約の詳細については第7章「経営参加等」において詳細な解説を行っていますので、こちらの方もご参照ください。

4 無議決権株式の利用

相続人間で株式を分割しなければならない場合において、株主間契約の他に取締役の選任解任をコントロールする方法としては、株主全員が後継者等の特定株主が有する株式以外の株式を、無議決権株式（一切の事項について議決権を有しないことを内容とする議決権制限株式）とすることにより後継者等の特定株主に議決権を集中させることが考えられます。

具体的には、株主全員が後継者等の特定株主が有する株式以外の株式を、無議決権株式とすることに同意している場合において、①株主総会特別決議（会社466・309②十一）により議決権を行使することができる事項（会社108②三）を定款で定め、②特定株主以外の株主がいずれも会社と保有する株式を無議決権株式とする旨の合意をし、かつ③株主全員が特定株主以外の株式が有する普通株式を無議決権株式に変更することについて同意をすることにより、後継者等の特定株主が有する株式以外の株式を無議決権株式に変更することとなります。

5 本件について

本件では遺言がないことから、C社株式1,000株（評価額：1億円）と3,000万円の預貯金の合計1億3,000万円の遺産を法定相続分に応じて分割すると、B、D、Eの具体的相続分は以下のとおりとなります。

B：3,250万円（1億3,000万円 × 1/4）

D：6,500万円（1億3,000万円 × 1/2）

E：3,250万円（1億3,000万円 × 1/4）

　このようにDの相続分は6,500万円、Eの相続分は3,250万円であるところ、Aの遺産中の預貯金は3,000万円であることから、BがC社株式の全部を相続する場合、遺産となる預貯金の全てをDとEに相続させたとしても、6,750万円不足することになります。

　そのため、BがC社株式全部を相続するために代償金を支払う場合、6,750万円を調達する必要があるところ、その方法としては、C社から金銭を借り入れて、これを原資とすることが考えられます。この場合、BはC社の取締役であり、かつC社は取締役会非設置会社であることから、借入れに株主総会の承認決議が必要となりますが、遺産分割の結果BのみがC社の株主となっていますので、承認決議の点で問題が生じることはないでしょう。

　また、BがC社株式全部を相続するために代償金を支払う方法としては、Bが相続したC社の株式の一部をC社に取得させ、その対価から代償金を支払うことも考えられます。この場合、株主総会の特別決議が必要となりますが、これについては、遺産分割の結果BのみがC社の株主となっていますので、問題にはならないでしょう。しかしながら、財源規制に反していないことは必要となります。

　一方、代償金の支払が難しい等のために、遺産分割により、B以外の相続人がC社の株主となる場合において、引き続きBが取締役としてC社を経営するためには、Bの意思に従って、D及びEが取締役選任、解任についての議決権を行使する旨の株主間契約を締結することが考えられます。

第5章 遺留分と非上場株式

○概　説

　兄弟姉妹及びその代襲相続人を除く相続人には、法律上最低限保障された相続の取り分として、「遺留分」があります。

　遺言や生前贈与によって遺留分を侵害された遺留分権利者は、「遺留分侵害額請求」によって侵害された遺留分額を、受遺者、受贈者に対して請求することができます。

　遺留分の相続財産に占める割合は、直系尊属のみが相続人である場合は相続財産の3分の1、それ以外の場合は相続財産の2分の1であり、それに法定相続分を乗じた割合が、個別的な遺留分割合となります。また、上記でいう相続財産には、民法の規定に従い一定の贈与や遺贈も含むこととなります。

　遺留分の基礎知識はQ32で、遺留分侵害額請求を行う場合の留意点及び手続についてはQ33で解説しています。

　遺贈や生前贈与された財産に非上場株式が含まれている場合は、その評価が問題となります。非上場株式をいくらと評価するかによって、遺留分の算定基礎財産の額、遺留分侵害額が大きく左右される可能性があるからです。

　遺留分が侵害されているよくあるケースとして、遺言によって非上場株式を含む全財産を特定の相続人が相続するものとされている場合や、非上場会社の株式の全て又は大部分を特定の相続人に相続させるものとされているものの、他の相続人にはわずかな財産しか相続されない場合などがあります。

　遺留分侵害額を算定するに当たり、非上場株式の評価次第では、遺留分権利者が取得できる金額が大きく変わる可能性があります。税務

上の株価であれば遺留分侵害はないものの、私法上の株価で算出すれば遺留分が侵害されているケースとしてQ34があります。

　遺留分が侵害されている例は、他にも被相続人の死亡前に生前贈与がなされているケースがあるところ、遺留分の算定で考慮し得るのは原則として被相続人の死亡前10年以内の贈与に限られます。このようなケースとしてQ35があります。

　また、被相続人の死亡から10年以上前に生前贈与がなされているケースにおいても、例外的にその生前贈与を考慮して遺留分を算定できる場合につき、Q36で解説しています。

　さらに、被相続人の生前に、贈与ではなく売買によって株式が移転している場合においても、売買価格や当事者の認識次第では遺留分の算定において考慮できる場合があることにつき、Q37で解説しています。

Q32 遺留分の基礎知識

　遺留分とはどのような制度でしょうか。また、どのように遺留分額や遺留分侵害額が算定されるのでしょうか。

　遺留分とは、兄弟姉妹以外の相続人に法律上保障された最低限の割合をいいます。直系尊属のみが相続人の場合を除き、法定相続分の半分となります。

　遺留分の算定基礎財産は、相続開始時の財産額に、一定の贈与した財産額を加え、そこから債務を控除した額となります。

　遺贈や生前贈与により遺留分が侵害されている場合、遺留分権利者は遺留分侵害額請求をすることにより、侵害された遺留分相当額の金銭支払を求めることができます。

解説

1　遺留分とは

　遺留分とは、相続において兄弟姉妹以外の相続人に法律上保障された最低限の割合をいいます（民1042）。

　遺留分が侵害される典型的な場面は、遺言や生前贈与により、特定の相続人や第三者に被相続人の多くの財産が承継され、その結果、遺留分権利者の取り分がなくなる、若しくは少なくなってしまうケースです。遺留分が侵害される原因としては、遺贈、特定財産承継遺言、生前贈与、死因贈与、相続分の指定、特別受益の持戻し免除等があります。

　遺留分が侵害されている場合、遺留分権利者は侵害者に対し、「遺留

第5章　遺留分と非上場株式　　　　131

分侵害額請求権」を行使し、侵害額分の金銭請求をすることが可能です（民1046）。この権利を行使するか否かは遺留分権利者の自由です。

2　遺留分権利者・遺留分割合

　遺留分権利者は、相続人となる被相続人の配偶者、子、直系尊属です。子の代襲相続人（典型例として、子が被相続人より先に死亡している場合の孫）も子と同様に遺留分を有します。兄弟姉妹は、相続人になる場合であっても遺留分はありません（民1042）。なお、相続欠格、廃除、相続放棄により相続権を失った者は、兄弟姉妹以外の相続人であっても遺留分はありません。

　まず被相続人の財産全体に占める遺留分の割合は直系尊属のみが相続人の場合は相続財産の3分の1、それ以外の場合は相続財産の2分の1となります（民1042①）（総体的遺留分）。相続人が複数の場合は、この割合に個別の法定相続分の割合を乗じたものが個別的な遺留分割合となります（民1042②）（個別的遺留分）。

　例えば、相続人が被相続人の配偶者と子2名の計3名の場合は、法定相続分は配偶者が2分の1、子らは各4分の1です。個別的遺留分は、これらの半分となり、配偶者が4分の1、子らは各8分の1となります。

3　遺留分の算定基礎財産

　上記の遺留分割合を乗じる基礎となる財産は、一定の算式によって算出されるルールとなっています。特に、遺贈や被相続人による贈与があるときは、それらを考慮して算出する場合があります。また、被相続人の債務は控除します。

　算出方法の概要は以下のとおりです（民1043①・1044）。

> 遺留分算定の基礎財産
> ＝ 相続開始時の被相続人の財産（遺贈される財産を含む。）
>   ＋ 被相続人が相続人に贈与した財産（原則10年以内、特別受益に該当するものに限る。）
>   ＋ 被相続人が第三者に贈与した財産（原則1年以内）
>   － 被相続人の債務

　加算すべき贈与は、贈与契約に限らず、例えば財団法人への寄付等の財産拠出、信託の設定、無償の債務免除、無償の担保供与等、無償処分の全てを含むと解されています。

　原則として、第三者に対する贈与は、相続開始前1年間になされたものに限り加算されます（民1044①）。

　相続人に対する贈与は、相続開始前10年間になされたもので、婚姻若しくは養子縁組のため、又は生計の資本としてなされた贈与（特別受益に該当する贈与）のみが加算されます（民1044③）。

　例外的に、当事者が遺留分権利者に損害を加えることを知ってした贈与は、第三者に対する場合は相続開始の1年以上前、相続人に対する場合は相続開始の10年以上前のものでも、基礎財産に加算されます（民1044①後段）。

　また、負担付贈与や、不相当な対価をもってなされた有償行為（典型的には廉価売買）も、実質的な贈与部分については基礎財産に加算されます（民1045）。

　具体的適用については、Q34〜Q37をご参照ください。

　このように算定された基礎財産に、上記2の遺留分割合を乗じて、個別の遺留分権利者の遺留分額を算出します。

4　基礎財産の評価基準時

　基礎財産の評価は、相続開始時を基準時とします（最判昭51・3・18民

集30・2・111参照)。特に、時期によって評価額が変動する不動産や非上場株式については、相続開始時が基準時となることに留意してください。

5 遺留分侵害額の算定方法

遺留分侵害額は、遺留分権利者の遺留分額に満たない部分の額です。ごく単純化しますと、遺留分額が1,000万円にもかかわらず、遺言に従えば100万円しか受け取れないのであれば、差額900万円が遺留分侵害額となります。

遺留分侵害額の具体的な算定方法は次のとおりです(民1046②)。なお、寄与分については遺留分侵害額の算定で考慮しません。

遺留分侵害額
= 遺留分額
　− 遺留分権利者が受けた相続・遺贈・特別受益となる贈与の額
　− 遺産分割の対象財産がある場合、遺留分権利者の具体的相続分の額
　+ 遺留分権利者が承継する被相続人の債務
---

6 複数の遺贈・贈与がある場合

遺贈(特定財産承継遺言による財産承継及び相続分の指定を含みます。)と贈与がある場合、まず受遺者が遺留分侵害額を負担し、それでも足りない場合に受贈者が残りを負担します(民1047①一)。同時になされた遺贈又は贈与があり、複数の受遺者又は受贈者がいる場合は、遺贈又は贈与された財産額の割合で遺留分侵害額を負担します(民1047①二)。贈与を受けた受贈者が複数いる場合は、順次、後の受贈者が先に遺留分侵害額を負担し、それで足りない場合は前の(過去の)受贈者が残りを負担します(民1047①三)。

Q33 遺留分の手続

 遺留分を請求する上での留意点や、協議がまとまらない場合にどうなるか、教えてください。

A 被相続人の死亡と遺留分を侵害する遺贈又は生前贈与を知った時から1年との行使期限があるため留意が必要です。通常は、内容証明郵便による遺留分侵害額請求の意思表示を行い、協議交渉を行います。解決が困難な場合は調停、訴訟となります。

解説

1 行使期限

遺留分侵害額請求は、遺贈（相続人に対し特定の財産を承継させる場合、相続分の指定をする場合を含みます。）又は生前贈与によって財産を得た者に対し、被相続人の死亡と遺留分を侵害する遺贈又は生前贈与があったことを知った時から1年以内に行使しなければなりません（民1048）。また、相続開始から10年を超えた場合も行使できません（民1048）。

行使期限が定められているため、請求する可能性がある場合は徒過しないよう重々留意する必要があります。具体的な侵害額が算出できていない場合は、権利を行使する旨の通知だけでも可能です。

2 行使方法

遺留分侵害額請求は、上記の受遺者又は受贈者に対してその権利行使を通知することにより行います。通知内容と到達日の証拠化のため、通常は内容証明郵便で権利行使する旨を通知します。通知時期や内容が明確であれば、メール、チャットツール等による通知でも構い

ませんが、証拠としての信用性を考えると内容証明郵便が無難といえます。

3 協　議

遺留分侵害額請求を行使した後は、具体的な遺留分侵害額を示して協議・交渉することとなります。

4 調　停

当事者間で協議がまとまらない場合、遺留分権利者は、家庭裁判所に対し、遺留分侵害額調停を申し立てることが可能です。調停は双方の互譲により成立するものですので、対立が激しく双方に譲歩の可能性が少ない際には必ずしも向きませんが、第三者が介入することにより互譲が期待できる場合もあります。

管轄は、相手方の住所地を管轄する家庭裁判所又は当事者が合意で定めた家庭裁判所となります（家事245①）。

調停前置主義により、訴え提起前には先行して調停手続を経なければならないとされていますが（家事257①）、実務上は調停の見込みがない場合は調停申立てを経ずに訴えを提起することもあります。

5 訴　訟

調停によっても解決できない場合、協議・調停の見込みがない場合には、地方裁判所又は簡易裁判所に、遺留分侵害額請求訴訟を提起します。管轄は、被相続人の普通裁判籍の所在地（民訴5十四）、被告の普通裁判籍の所在地（民訴4①）、義務履行地（請求者の住所地）（民訴5一）があり、調停とは違い請求者の住所地を管轄する裁判所に提起可能です。訴額140万円以下の場合は簡易裁判所（裁判所法33①一）、それを超える場合は地方裁判所に提起することとなります（裁判所法24一）。多くの例では地方裁判所に訴えを提起することとなるでしょう。

Q34 非上場株式の評価が問題となる遺留分侵害額請求（遺留分対策の失敗）

Q 被相続人Aが死亡しました。相続人は長女B、長男C、次女Dの3人です。Aの遺言で、Aが経営していたX社の非上場株式（税務上の評価額1億円）は、後継者である長男Cに、その他の財産はBとDで2分の1ずつ相続させるものとされています。X社株式以外の遺産には、預貯金5,000万円があります。CからBとDに対しては、父が遺留分に配慮して税理士にも相談の上作成した遺言で、遺留分の侵害はないとの説明がされていますが、X社の業績は好調で純資産の蓄積も多いと聞いており、本当に遺留分侵害がないのかどうかBとDは疑問を抱いています。遺留分侵害の有無を判断するに当たって、X社株式をどのように考慮すべきでしょうか。

A X社株式は遺留分の算定基礎財産であるところ、税務上の評価額で計算する場合はB及びDの遺留分侵害はありませんが、X社株式の私法上の株価がそれより高額な場合は遺留分侵害が生じている可能性があります。そのため、B及びDとしては、X社株式の評価のための資料を取得し、私法上の株価を算出した上、遺留分侵害額請求を行う余地があります。

解説

1 本件の遺留分額

前提として、本件の相続人は被相続人の子3名であり、個別的遺留分割合は各6分の1となります（総体的遺留分1/2 × 法定相続分1/3）。

第5章　遺留分と非上場株式　　137

　遺留分の算定基礎財産となるのは税務上の評価額1億円のX社株式と預貯金5,000万円であり、仮にX社株式の価値を1億円とすれば、合計1億5,000万円となります。そうすると、各相続人に保障されるべき遺留分額は、2,500万円（＝ 1億5,000万円 × 1/6）となります。

　そうすると、X社株式を取得しないB、Dもそれぞれ預貯金5,000万円の2分の1である2,500万円を遺言によって取得するため、遺留分侵害はないように思われます。

2　算定基礎財産に非上場株式が含まれる場合の遺留分の留意点

　上記1において遺留分侵害がないことの前提は、X社株式の価値を税務上の評価額1億円としたことです。

　しかし、非上場株式の株価算定には様々な方法があり、一概に評価額が定まるものではありません。また、税務上の株価は、必ずしも会社の真の収益力を反映した株価ではなく、実際の企業価値と乖離して低く算定されている例も少なくありません（Q16・Q20参照）。相続税等の負担を下げるため、意図的に「株価下げ」がされている例もあります。特に、業績好調であり純資産が潤沢な場合や、利益が十分に出ている場合等には、真の株価（私法上の株価）は高額となるケースもあります。なお、算定基準時は相続開始時と解されています。

　本件では、X社の後継者とされているCの説明では、被相続人の遺言は税理士にも相談の上、遺留分にも配慮したものとされています。しかし、BとDが相続する財産は、税務上の株価を前提とした場合の遺留分額と等しく、X社の株価評価次第では遺留分侵害が生じている可能性があります。

　Aの遺言は、X社株式を取得しない者に対しても相応の財産を取得させ、遺留分を侵害しないよう配慮されたものかもしれませんが、相続人の紛争を防止する遺留分対策としては必ずしも万全なものとはいえない可能性があります。

3 遺留分権利者として検討すべき事項

遺留分権利者であるB、Dの立場として、遺留分侵害の可能性があると考える場合にはどうすべきでしょうか。

少なくとも、X社の真の株価（私法上の株価）を検討するために、会社の計算書類、税務上の株価の評価書及びその根拠資料等の提供をCに依頼し、株価を検討すべきでしょう（Q19・Q22参照）。そして、必要に応じ、純資産法やDCF法に基づく株価の算出を公認会計士に依頼することも考えられます。

また、まずは暫定的に簿価純資産法で株価を算出して試算することも一つです（Q20・Q26参照）。

4 遺留分侵害がある場合の手続

遺留分侵害額請求を行う場合には、侵害を知った時から1年以内に侵害者に対し遺留分侵害額請求を行う旨を通知する必要があります（民1048）。そのため、具体的な私法上の株価が算出できていない場合にも、侵害があると思われるときは念のためB、DはCに対し、遺留分侵害額請求を行使することを表示した内容証明郵便を送付することが無難といえます。

その上で、X社の私法上の株価を明らかにする資料（株価算定書）を準備し、Cと交渉することとなります。交渉が不調な場合、調停、訴訟において解決することも考えられます。

例えば、X社の株価の真の価値が1億円ではなく1億9,000万円だった場合、遺留分の算定基礎財産は合計2億4,000万円となり、遺留分額は各4,000万円となります。そうすると、B及びDは遺言では2,500万円の預金しか相続できないため、差額の各1,500万円が遺留分侵害額となります。このように、X社株式の私法上の株価次第では、遺留分侵害額請求が成り立つ可能性があります。

Q35　被相続人の死亡前10年以内に、相続人に対して非上場株式の生前贈与がなされている場合の遺留分（特別受益に当たる生前贈与）

Q　被相続人Ａが死亡しました。相続人は長男Ｂ、次男Ｃの2人です。Ａの遺言で、Ａの死亡時の遺産は換価の上2分の1ずつ分けることが記載されていましたが、死亡時の財産は500万円の預金しかありません。しかし、Ａは亡くなる8年前から3年前までの5年間にわたって、Ａが経営していたＸ社の非上場株式をＢに生前贈与していました。この場合、Ａ死亡時に残っていた遺産だけを2分の1として分けることにはＣとしては納得がいかないのですが、何かＢに言えることはないのでしょうか。

A　生前贈与されたＸ社株式も遺留分の算定基礎財産に加えられるとして、遺留分が侵害されているとの主張を行うことが考えられます。生前贈与されたＸ社株式の価値が一定以上ある場合は、Ｃの遺留分が侵害されている可能性が高いといえます。

解説

1　遺留分の算定基礎財産に算入できる生前贈与

　本件のように、被相続人の重要な財産は生前贈与などによって処分されており、死亡時にはわずかな相続財産しか残っていないという例は少なくありません。しかし、相続人や第三者に対し生前贈与された財産がある場合は、一定の条件の下、これらを遺留分の算定基礎財産に含める必要があります（民1044）。

算定基礎財産の詳細はQ32で解説していますが、要点をまとめると以下のとおりです。

> 遺留分の算定基礎財産
> ＝ 相続開始時の被相続人の積極財産の額（遺言により相続・遺贈させるとされているものを含む。）
> ＋ 相続人に対する生前贈与の額（原則10年以内・特別受益に限る。）
> ＋ 第三者に対する生前贈与の額（原則1年以内）
> － 被相続人の債務の額

　本件は、相続人に対し、相続開始時から10年以内に生前贈与がなされた事案です。相続人に対する生前贈与は、相続開始前10年以内になされ、かつ「婚姻若しくは養子縁組のため又は生計の資本として受けた贈与の価額」（いわゆる特別受益）（民903）のみが、遺留分の算定基礎財産に算入されます（民1044③）。

　なお、これとは別に、当事者双方が遺留分権利者に損害を与えることを知ってした贈与については期間の限定なく基礎財産に算入されます（民1044①）が、これについてはQ36で解説します。

2　遺留分の算定基礎財産の算定

　X社株式のBに対する生前贈与は、会社経営権を承継させるためになされたものと考えられますので、通常は生計の資本としての贈与に該当し、いわゆる特別受益としての生前贈与に当たると考えられます。

　そのため、相続開始時から10年前までの間になされたAからBへ贈与されたX社株式の価値は、遺留分の算定基礎財産に加算することとなります。X社株式の評価基準時は、贈与当時の価値ではなく、相続開始時となります。

　なお、特別受益に該当する生前贈与につき、被相続人が持戻し免除

の意思表示(贈与を相続財産に算入することを要しない旨の意思表示、明示黙示を問いません。)(民903③参照)をしていたとしても、遺留分の算定基礎財産には算入されます（最決平24・1・26判時2148・61）。

3 株式評価の問題

そして、生前贈与されたX社株式の相続開始時の価値をどう評価するかが問題となります。X社株式の評価次第では、遺留分侵害が生じている可能性があります。

相続財産は預金500万円のみであり、これを2分の1ずつ相続するとCの取得分は250万円ですが、仮にX社株式の生前贈与分の評価が5,000万円の場合、これを加算すると遺留分の算定基礎財産は5,500万円となります。そして、本件の遺留分割合は4分の1（＝総体的遺留分1/2 × 法定相続分1/2）であるため、遺留分は1,375万円（＝ 5,500万円 × 1/4）、遺留分侵害額は1,125万円（1,375万円 － 250万円）となります。

これまで本書で何度も出てきたとおり、非上場株式の株価は一概に定まらないため、税務上の株価、私法上の株価を考慮し、遺留分侵害の有無を検討する必要があります（Q16・Q20参照）。

通常は、CはX社株式の価値が高いと主張し（例えば、DCF法、純資産法など）、Bは価値が低いと主張する（例えば、配当還元方式や税務上の株価など）例が多いため、本件でもCとしてはX社株式の価値が高いとして遺留分侵害があると主張していくことが考えられます。

4 遺留分侵害があり得る場合の手続

Cとしては、まずAからBへのX株式の生前贈与の時期・株式数を特定し、X社株式の評価額を算出することが必要となります。生前贈与の特定については、X社の株主名簿、法人税申告書の別表2を確認

することが有用です。また、登記の際に法務局に提出されている株主リストを確認する方法も考えられます。

　株価の算定については、税務上の株価、私法上の株価を把握し、主張する額を検討する必要があります。具体的には、**第3章「非上場株式の価値」**をご参照ください。

　遺留分侵害の可能性がある場合には、Cとしては、Bに対し早期に遺留分侵害額請求を内容証明郵便で行っておくことが安全です。遺留分侵害額請求には侵害を知った時から1年以内という期間制限があり（民1048）、知った時期がいつかが争点化しないためには、被相続人死亡時の1年以内に権利行使しておくことが安全です。

Q36 被相続人の死亡の10年以上前に、相続人に対して非上場株式の生前贈与がなされている場合の遺留分（損害を加えることを知ってした生前贈与）

Q 被相続人Aが死亡しました。相続人は長男である私B、次男Cの2人です。Aの遺言で、Aの死亡時の遺産は換価の上2分の1ずつ分けることが記載されていました。しかし、Aは亡くなる15年前に、Aが経営していたX社の非上場株式（評価額2億円）をCに生前贈与していました。一方、Aの死亡時の遺産はほとんどありません。この場合、遺留分を考慮するに当たって、X社株式の生前贈与を考慮することはできないのでしょうか。

A 被相続人の相続人に対する生前贈与が相続開始時より10年以上前の場合も、贈与者・受贈者が遺留分権利者に損害を与えることを知って贈与をしたときは、遺留分の算定基礎財産に含めることができます。本件では、15年前の贈与時にAの財産はX社株式が多くを占め、その余の財産が少なかったこと、その後もAの財産が増加しないことが見込まれる状況だったこと等の事情があれば、X社株式の相続開始時の評価額を遺留分の算定基礎財産に加えられる可能性があります。

解　説

1　相続開始時の10年以上前の生前贈与

Q35などでも解説したとおり、相続人に対する生前贈与は、相続開始時の10年前までに行われ、かつ生計の資本としての贈与として特別

受益に該当する場合には、遺留分の算定基礎財産に含まれます（民1044③）。

　一方、相続開始時の10年以上前になされた生前贈与については、「当事者双方が遺留分権利者に損害を加えることを知って贈与をしたとき」に限り、遺留分の算定基礎財産に加えることが可能となります（民1044③①後段）。

　「損害を加えることを知って」とは、遺留分権利者に損害を加えることとなる事実の認識があれば足り、加害の意思があったことは要しません（大判昭4・6・22民集8・618）。法律の知・不知や、誰が遺留分権利者であるかの認識は不要と考えられています（潮見佳男『詳解相続法〔第2版〕』663頁（弘文堂、2022））。

　また、判例では「損害を加えることを知って」贈与がなされたといえるためには、当事者双方において贈与当時、贈与財産の価額が残存財産の価額を超えることを知っていただけでは足りず、将来相続開始時までに被相続人の財産が増加しないことを予見していた事実があることを要するとされています（大判昭11・6・17民集15・1246）。

2　遺留分権利者に損害を加えることを知って贈与がなされたか否か

　本件のAのCへの生前贈与は、相続開始時の15年前のものですので、原則として遺留分の基礎財産には加えられず、「遺留分権利者に損害を加えることを知って」なされたかどうかが問題です。遺留分権利者となり得るBとしては、これに該当すると主張立証していくことが必要になります。

　（1）　贈与財産の価額が残存財産の価額を超えていたこと等

　まず、贈与当時の被相続人Aの財産状態を把握する必要があります。古いことであるため立証資料が乏しい可能性もありますが、少なくと

第5章　遺留分と非上場株式

も贈与当時の株式の評価額を明らかにする資料（当時の株価評価書、決算書類等）、被相続人の有していた不動産、預貯金等の金融資産等を明らかにする資料を収集する必要があります。

　ここでの非上場株式の評価額を、税務上の株価とみるか私法上の株価とみるべきか問題となり得ます。当時の贈与当事者が財産状態をどう認識していたかの問題であるため、当事者が税務上の株価しか認識していなかったのであれば税務上の株価と考えるべきと解されます。一方、当事者が株価評価書等で私法上の株価も認識していたのであれば、私法上の株価とみて算定すべき場合もあり得ると考えられます。

　贈与財産であるX社株式が当時の被相続人の財産の過半若しくは大部分を占める場合は、後記（2）で述べる予見があれば「損害を加えることを知って」と評価できる可能性が高いと考えられます。贈与財産が被相続人の当時の財産の半分以下である場合にも、それだけで「損害を加えることを知って」該当性が否定されるわけではないと考えられますが、財産に占める贈与財産の割合が低い場合はその後相続開始時までに相当程度の財産の減少が見込まれた等の事情が必要となるのではないかと考えられます。

（2）　将来の相続開始時までに自己の財産が増加しないことの予見

　贈与当時から相続開始時までに、被相続人の財産が増加しないことの予見が必要であるため、贈与当時、被相続人のその後の収入が見込まれなかったことや、生活費その他への支出によってそれ以後は財産が減少していくだけであると見込まれたことの事情が必要となります。

　例えば、被相続人が会社を引退し役員報酬も受領しなくなったこと、その他収入も乏しかったこと、少なくとも収入と支出を比較すると支出が多くそれ以降財産は増加しない、若しくは減少していく見込みだったこと等の事情があれば、将来に相続が発生した際に遺留分権利者

に損害を与えることを知ってなされたといえる可能性が高まると考えられます。

　通常は、贈与対象株式の価値が高いほど、「損害を加えることを知って」したと認定されやすいと考えられますが、それだけでは足りない点に留意が必要です。

3　贈与が遺留分の算定基礎財産に含まれる場合

　上記の要件を満たす場合は、X社株式の贈与も遺留分の算定基礎財産に含まれることとなります。その場合のX社株式の評価は、贈与当時ではなく相続開始時の時価を基準として、その価額を算定基礎財産に加えることとなります。ここでも、非上場株式の株価算定が問題となり、税務上の株価、私法上の株価を考慮し、遺留分侵害額を算定していくこととなります。

Q37 被相続人の生前に、非上場株式が有償で相続人に売買されている場合の遺留分（不相当な対価をもってした有償行為）

Q 被相続人Aが死亡しました。相続人は妻B、長男C、次男Dの3人です。Aの遺言で、Aの死亡時の遺産は換価の上で妻2分の1、子は4分の1ずつ分けることが記載されていました。しかし、Aは亡くなる5年前に、Aが経営していたX社の非上場株式をCに対して税務上の価格5,000万円より相当低い500万円で売買したと聞いています。一方、Aの死亡時の遺産はほとんどありません。この場合、BとDの遺留分を算定するに当たってX社株式の生前の売買を考慮することはできないのでしょうか。

A AのCへのX株式売買が、不相当な対価による売買であり、そのことをAとCが認識し、遺留分権利者であるB及びDに損害を加えることを知っていたと評価できる場合には、対価として不相当な部分を贈与とみなして遺留分の算定基礎財産に含むことができます。

解 説

1 不相当な対価でなされた有償行為の取扱い

本件では、被相続人Aが相続人Cに対し、税務上の価格が少なくとも5,000万円であるX社株式を500万円で売買しています。既に解説したとおり、税務上の株価ですら、私法上の株価より低額であることも少なくないところ、本件では税務上の株価よりも更に低額で売買がな

されていることから、不当な廉価売買ではないかとの疑いも生ずるところです。

　不相当な対価でなされた有償行為（典型的には売買）は、当事者双方が遺留分権利者に損害を加えることを知ってしたものに限り、当該対価を負担の価額とする負担付贈与とみなすとの規定があります（民1045②）。負担付贈与とは、例えばローン付きの抵当権付不動産を、贈与する代わりに残ローンを受贈者に負担させる場合（この部分が負担）などをいいます。負担付贈与がなされた場合は、贈与目的物の価額から負担の価額を控除した額を、贈与財産の額と扱います（民1045①）。

　つまり、不相当な廉価で売買がなされた場合、〔当該財産の本来の価額－売買の対価〕の差額が贈与されたとみなされることとなります。

2　不相当な対価でなされた取引といえるか

　非上場株式の株価は定まった答えがなく、真の価値についても不明確な面があります。そのため、不相当な対価でなされたといえるかの前提として、株式の本来の価格（真の価値）がいくらであるのかが問題となります。

　この点は、裁判例などは見当たらないものの、一定の相続人に最低限の保障を得させるという遺留分制度の趣旨からすると、算定基準となる価額は税務上の株価ではなく、会社の真の収益力を示す私法上の株価と解すべきと考えられます（遺留分の算定基礎財産の評価に関し、経営が承継される場合は収益価格によるべきことにつき、中川善之助ほか編『新版注釈民法(28)相続(3)補訂版』458頁〔中川淳〕（有斐閣、2002））。少なくとも、税務上の株価と実際の売買価額の差額については不相当といえる可能性が十分あり、場合によっては私法上の価額との差額も含め不相当な差額といえる可能性もあります。

第5章　遺留分と非上場株式

3　遺留分権利者に損害を加えることを知ってなされたといえるか

　負担付贈与とみなされるためには、取引当事者双方が、遺留分権利者に損害を加えることを知ってした取引であることが必要です。つまり、売主と買主双方が、売買価格が不相当に低額と認識していた必要があります。

　ここでは、客観的に対価が不相当か否かという問題とは別に、当事者の主観が関係するため、当事者の認識を主張立証することが必要となってきます。具体的には、例えば税理士等から税務上の株価を教示されながら、あえてそれよりも大幅に低額な取引を行った場合や、法律上の株価に関する株価算定書を取得していたにもかかわらず、それよりも大幅に低額な取引を行った場合等には、「損害を加えることを知って」なされたと認定されやすくなると考えられます。

4　本件の検討

　本件の場合、Ｘ社株式の売買当事者であるＡとＣが、その当時税務上の株価5,000万円を算出して認識しながらも、あえて大幅な安価である500万円で売買していたのであれば、少なくともその差額4,500万円については贈与とみなされる可能性があります。一方、例えば売買当時に当事者が500万円を妥当な価格と認識していたのであれば、損害を加えるものと知ってなされたとはいえない可能性が高いです。

　ただし、具体的な事情次第ではありますが、相続税対策等に関与していれば認識していてもおかしくない税務上の株価や、貸借対照表上の純資産を株式数で割って簡易に算出可能な純資産法による価額よりも大幅に低額で売買しているような場合は、不相当な対価で、かつその認識もあったと認定されやすいと考えられます。

　そして、上記が肯定され、かつ当該Ｘ社株式をＣに低額で売買した

ことによって、Aの財産が大幅に減り、またその後財産が増加することも見込めなかった場合は、遺留分権利者に損害を加えることを知ってなされた売買といえると考えられます。

その場合は、X社株式の売買は、AからCへの少なくとも4,500万円の贈与があったとして、その額を遺留分の算定基礎財産に含めることとなります。

B、Dとしては、上記の方向で不相当な対価の有償行為といえるか否かを検討し、可能性がある場合は遺留分侵害額請求権を行使することとなります。

第6章　非上場株式の換価と権利行使

○概　説

1　非上場株式の換価方法

　非上場株式には、通常取引市場はありません。また、非上場会社が発行する株式については、譲渡による株式の取得について当該会社の承認を必要とする旨が定款で定められている譲渡制限株式であることも多いです。さらに、非上場会社の株式については、剰余金の配当がわずかであることも少なくないだけでなく、譲渡しようとしている株式数が少ない場合には、当該会社の株主以外の第三者が取得しても取締役に就任するなどにより経営に関与することも難しいのが一般的です。

　そのため、非上場株式、特に会社支配権に影響を与えない数の非上場株式については、会社と関係のない第三者に売却しようとしてもなかなか買手が見つからないことから、換価したい場合には、まずは会社に対して自己株式の取得の方法により譲渡するか、会社による譲渡承認が見込まれる、支配株主、会社役員、あるいはこれらの者の関係者に対し、売却することを試みることになります。

　そして、会社や、その支配株主等に対し、十分な対価で株式を譲渡することが難しい場合には、比較的株式の買取りを希望する可能性が見込まれる当該会社の取引先や競合企業等の第三者への売却を試みることになります。

　もっとも、譲渡制限株式については、譲渡につき会社の承認を得ることは容易でないところ、承認が得られなくても株式の換価を実現したい場合には、譲渡承認請求（会社136）の際に、譲渡を承認しないのであれば、会社又はその指定する買取人が買い取ることを請求すること

で、確実に株式を換価できることになります（会社138一ハ・140①④）。

　Q38は、以上のような非上場株式の換価の流れについて記載していますので、より詳細に知りたい方は、そちらもご参照ください。

2　譲渡制限株式の譲渡

　非上場会社の多くで発行されている譲渡制限株式については、譲渡による株式の取得について当該会社の承認を必要とする旨が定款で定められています。

　そこで、Q39では、譲渡制限株式であるか否かについてはどのようにして知ることができるかについて、記載しています。

　次に、譲渡制限株式については、譲渡する際には、会社の承認を得ることが必要となりますので、Q40では譲渡承認請求の方法を、Q41では、譲渡承認があったとみなされる「みなし承認」が認められる場合について、それぞれ記載しています。

　さらに、譲渡制限株式については、上記1で述べたように、譲渡承認請求（会社136）の際に、譲渡を承認しないのであれば、会社又はその指定する買取人が買い取ることを請求することで、会社又はその指定する買取人がこれを買い取らなければならないことになります。この場合の売買価格については、売買当事者の協議によって決めることができますが（会社144①）、このような協議が調わない場合や、調う見込みがない場合には、裁判所に売買価格を決定してもらうことができます。そこで、Q42では、裁判所に対する売買価格の決定の申立ての手続を、Q43では、裁判所がどのようにして売買価格を決定するかについて述べています。

3　権利行使と和解

（1）　少数株主による株主としての権利行使の意味

　上記1で述べたように、非上場株式を換価したい場合、まずは会社

に対して自己株式の取得の方法により譲渡するか、会社による譲渡承認が見込まれる、支配株主、会社役員、あるいはこれらの者の関係者に対し、売却することを試みることになります。

　しかしながら、少数株主が、支配株主などの会社側と株式の売却交渉を行っても、支配株主側は、額面金額等、安価での買取りにしか応じようとはせず、適正価格（いわゆる私法上の株価がこれに該当するところ、その意味についてはＱ16を、算定方法についてはＱ20を、譲渡等承認請求に伴う売買価格決定申立事件における算出方法の傾向については、加藤真朗編『株主管理・少数株主対策ハンドブック―会社内部紛争の予防、事業承継・Ｍ＆Ａへの備え方』119頁以下（日本加除出版、2022）をそれぞれ参照してください。）での売却が困難な場合が見受けられます。このような支配株主側の対応は、株式の買取りを求める少数株主が、これまで積極的に株主としての権利を行使してこなかったために、株式を所有し続けてもらっても特に支障がないということが背景にあることも多いと思われます。

　同族会社や閉鎖的な会社では、支配株主側に、利益相反取引など会社の私物化と見られるような業務執行がなされていることが見受けられます。また、株主総会を一度も開催していない等、会社法が求める手続等に従った業務執行を行っていないこともままあります。

　そのため、買取りを求める株主がこれまでとは異なり、会社の私物化や違法な業務執行を正すことや、このようなことが行われないように監視することを目的として、株主としての権利を積極的に行使すると、健全な経営を実現し得るほか、自らも経営に参加できることがあります（経営参加の方法については、第7章「経営参加等」参照）。また、支配株主側が、自己に対する責任追及を避けるためや、今後予想される株主対応のための手間や費用を避けるために、株式の買取りに前向きとなり、和解等により適正価格あるいはこれに近づいた価格での株式の売却が、実現できることもあります。

（2） 株主としての権利行使
　ア　情報収集のための権利行使
　会社の私物化や違法な会社経営を正すことや、このようなことが行われないように監視するためには、その前提として必要な情報を入手する必要があります。そのための各種文書の閲覧謄写等についてはQ44に記載しています。
　また、業務・財産状況の調査のための検査役の選任を求めることでも、情報の入手が期待できますので、これについてはQ50に記載しています。
　イ　株主総会に関する権利行使
　少数株主であるからといって必ずしも株主総会で何もできないわけではありません。株主総会で、計算書類や議案等に関し、取締役に対し説明を求めることで、会社経営が適正になされているか否かに関する情報を取得できるだけでなく、不適切な会社経営がなされることを抑止することが期待できます。また、一定数以上の株式を所有している場合、解任の訴えの前提となる取締役の解任議案を議題とすることや、そのための臨時株主総会の招集を求めることもできます。そこで、このような株主総会に関する株主の権利行使については、Q45からQ48に記載しています。
　さらに、株主総会の招集手続や決議方法の調査のための検査役の選任を求めることで、適法に株主総会が開催されることが期待できますので、これについてもQ49に記載しています。
　また、株主総会決議が不存在である場合に、その確認を求める決議不存在確認訴訟や、招集手続又は決議の方法に法令定款違反等が認められる場合にその取消しを求める決議取消訴訟については、Q52とQ53に記載しています。
　ウ　業務執行の適法性確保や責任追及等に関する権利行使
　取締役が違法な業務執行を行おうとしている場合には、当該違法行

第6章　非上場株式の換価と権利行使

為の差止請求を行うことが考えられますので、これについてはQ55に記載しています。

　また、違法な業務執行を行った場合には、会社に対する損害賠償を求める株主代表訴訟を提起することや、職務執行停止の仮処分や職務代行者選任の仮処分の申立てを行った上で、解任の訴えを提起することが考えられますので、前者についてはQ54に、後者についてはQ51に記載しています。また、これらの手段では、もはや適法な業務執行の確保が期待できない場合、解散の訴えを提起することが考えられますので、これについてもQ56に記載しています。

　さらに、一定の違法な業務執行については、裁判所が過料の制裁を科すことがありますので、このような過料の制裁を求める方法についてはQ57に記載しています。

（3）　和　解

　上記（1）で述べたように、株主による権利行使を契機として、株式の買取り等を内容とする和解が成立することがあります。これに関し、訴訟外で和解する場合の注意点についてはQ58に、訴訟上の和解を行う場合の注意点についてはQ59にそれぞれ記載しています。

1 非上場株式の換価方法

Q38 非上場株式の換価方法

Q 私は、A社の発行済株式の20％を父から相続しました。A社の経営に一切関与していない私にとっては無用の財産ですので、この株式を現金化したいと考えています。

A社の株式については譲渡制限が付されているのですが、現金化するためにはどのような方法があるのでしょうか。

　A社又はその経営陣等に対する譲渡が第一の選択肢となります。

それが難しい場合には、第三者へ譲渡することが考えられますが、そのためにはA社が当該譲渡を承認する必要があります。A社が当該譲渡を承認しない場合については、その承認請求においてA社又は指定買取人が買い取ることを請求していれば、A社又は指定買取人が買い取る旨を通知してくることになりますので、これらの者に売却することで現金化することになります。

解 説

1　A社又はその経営陣等への譲渡

非上場株式は、上場されている株式と異なり公開の株式市場での取引ができないため、その換価を行おうとする場合には、個別に買手を探し、売買価格等の取引条件を交渉する必要があります。もっとも、非上場株式については、市場性がないことに加え、会社にとって好ましくない株主の出現を回避するために、譲渡による株式の取得について発行会社の承認を要する旨の定め（会社２十七）が定款に設けられて

第6章　非上場株式の換価と権利行使　　157

いることが一般的であり（このような制限が定められた株式のことを「譲渡制限株式」といいます。）、第三者に譲渡するためには会社の承認が必要となることから、第三者への売却は容易ではありません。

　そのため、まずは当該株式の発行会社や、その現経営陣や株主など会社からの譲渡承認を得ることが見込まれる発行会社の関係者（以下、併せて「会社側」といいます。）に対して株式の買取りを求めるのが通例です。

　そして、会社側が買取りに応じ（譲渡につき会社の承認が必要な場合は、その承認あるいは承認の内諾を含みます。）、かつ、買取条件について協議が調った場合、買手との間で株式譲渡契約を締結することとなります。

　もっとも、必ずしも会社側が買取りに応じてくれるとは限らず、また額面価額や税務上の時価（Q16参照）での譲渡を求められ、価格面での折り合いがつかない場合も生じます。

2　第三者への譲渡
（1）　買手の選定

　会社側への売却が難しい場合には、第三者への譲渡を検討することになります。

　もっとも、前項で述べたように非上場株式の第三者への売却は容易ではありません。

　このような場合において買手の候補となるのは、典型的には、発行会社の取引先や競合企業などに限られます（発行会社が将来的に上場する可能性を有した企業である場合には、投資ファンドや個人投資家が関心を示すこともあり得ます。）。

（2）　譲渡制限株式の第三者等への譲渡

　前項でも述べたように、非上場会社の株式については、譲渡制限株

式であるのが一般的であるため、株式を第三者に譲渡するためには、会社から承認を得る必要があります。

　そのため、株式譲渡人又はその譲渡を受けた第三者は、会社に対し、当該譲渡の承認請求（会社136・137①）を行い（譲渡等承認請求の方法についてはＱ40参照）、会社がこれを承認した場合や、譲渡承認請求を受けた日から2週間以内に承認するか否かの通知をしないなどにより「みなし承認」の効力が生じた場合（会社145）（なお、みなし承認についてはＱ41参照）には、当該第三者に対する譲渡ができることになります。

　これに対して、会社側が当該譲渡を承認しない場合、会社に対する承認請求において、会社又は会社が指定する買取人（指定買取人）が買い取ることを請求（会社138一ハ・二ハ）していれば、会社又は指定買取人から、会社又は指定買取人が当該株式を買い取る旨の通知がなされます（会社140①④・141①・142①）。そして、当該通知の到達により、会社又は指定買取人との間で当該株式に関する売買契約が成立したこととなります。

　もっとも、最終的な売買価格について引き続き会社又は指定買取人と協議を行うこととなります（会社144①⑦）。そして、協議が調えば、協議した価格で売却することになりますが、協議が調わない場合については、裁判所に対して売買価格の決定を求める申立て（会社144②）を行い、裁判所が決定した価格で売却することになります（会社144④⑦）（なお、株式売買価格決定申立事件については、Ｑ42・Ｑ43参照）。裁判所に対する売買価格決定の申立てについては、会社から会社又は指定買取人による買取りの通知があった日から20日以内に行う必要があり（会社144②⑦）、協議が調わなかったにもかかわらず、20日以内に譲渡等承認請求者、会社又は指定買取人のいずれからも裁判所に対して当該申立てが行われていない場合については、1株当たりの純資産額

に買取対象となる株式数を乗じた価格が売買価格となります（会社144⑤⑦）。

3 本件の場合

　本件の場合、株式の相続人としては、まずはA社、その経営陣、他のA社株主等に対する売却を検討することになり、これらの者に売却することが可能であれば、これにより株式の現金化を行うことができます。

　一方、これらの者への売却が困難な場合は、株式を買い取ってくれる第三者を探索し、当該第三者に対する譲渡を承認するようA社に対し請求することになります。そして、当該第三者への譲渡をA社が承認すれば、当該第三者への売却によって相続した株式を現金化することができます。

　これに対し、A社が譲渡を承認しない場合、承認請求の際に、A社又は指定買取人が買い取るよう請求していれば、A社又は指定買取人からの買取りの通知がなされることになります。この場合、買取りの通知を行った者との間で売買契約が成立しますので、その者との間で売買価格についての協議を行うこととなります。そして、当該協議が調えば、協議できた価格で株式を売却し現金化することができます。しかしながら、協議が調わない場合については、買取りの通知がなされた日から20日以内に裁判所に対して売買価格の決定を求める申立てを行っていれば、裁判所が決定した価格で、そのような申立てがなされていなければ1株当たりの純資産額に買取対象となる株式数を乗じた価格で、それぞれ相続した株式を売却して現金化することができます。

2　譲渡制限株式

Q39　譲渡制限の有無の調査方法、譲渡の可否

Q　私は、A社の発行済株式の20％を父から相続しました。これを誰かに買い取ってもらいたいと考えているのですが、A社からは「第三者への譲渡が制限された株式であるため会社の承認なく譲渡はできない。」という説明を受けました。そこで、本当に第三者への譲渡が制限された株式であるかどうかを確認したいのですが、どうすれば確認できるのでしょうか。

A　株式に譲渡制限が付されているか否かは、定款や商業登記簿により確認することができます。

解　説

　譲渡制限株式とは、譲渡による株式の取得について株式会社の承認を要する旨が定款において定められている株式のことをいいます（会社2十七）。

　非上場会社（特に同族会社等の閉鎖的な会社）においては、会社にとって好ましくない株主の出現を回避することを目的として、このような制限が設けられることが多くあります。特に中小企業においては、定款において全株式について譲渡制限の定めが設けられていることが多く、そのような会社を非公開会社（全株式譲渡制限会社）といいます。

　既に述べたとおり、譲渡制限の定めは定款においてなされますので、会社の定款を見れば、当該会社の発行する株式が譲渡制限株式である

のか否かを確認することができます。定款は、本店及び支店に備え置かれており（会社31①）、株主は、会社の営業時間内であれば、いつでも閲覧の請求や謄本又は抄本等の交付の請求を行うことができます（会社31②）。

　それだけでなく、譲渡制限の定めは登記事項とされていますので（会社911③七）で、登記事項証明書を取得したり、インターネットで登記情報提供サービスを利用したりして商業登記簿を閲覧することによっても確認することができます。

　なお、特例有限会社の場合、定款に譲渡制限の定めは明記されていませんが、このような定めがあるとみなされることになります（会社法整備9①）。そのため、特例有限会社については、定款に譲渡制限の定めがないからといって、譲渡制限株式に該当しないということにはならず、特例有限会社であること自体から譲渡制限の定めが認められることになりますので注意してください。もっとも、商業登記簿上は、特例有限会社であっても、譲渡制限の定めは記載されています。

　以上より、本件の場合も、譲渡制限の定めがあるか否かは定款あるいは商業登記簿を閲覧することによって確認することができます。

Q40　譲渡承認請求の方法

　私（A）は、非上場会社の発行済株式の1,000株を父から相続しました。この株式は、譲渡制限株式です。

　この株式を、第三者（B）に譲渡したいと考えています。会社に対し、譲渡を承認するよう求めたいと思うのですが、どのような方法で行えばよいでしょうか。

　また、Bが私に代わって、Bによる取得を承認することを求める請求を行うこともできる場合があれば、それについても教えてください。

　譲渡承認請求は、①譲渡する株式の数（種類株式発行会社の場合、譲渡制限株式の種類及び種類ごとの数）、②株式を譲り受ける者の氏名又は名称を明らかにして行う必要があります。

　また、会社が承認をしない場合において、会社又は会社が指定する買取人が買い取ることを請求（買取請求）する場合には、その旨を明らかにする必要があります。

　譲受人による取得承認請求（会社に対して株式の取得を承認するか否かの決定を求める請求）は、原則として譲渡人と共同で行う場合にのみ認められています。

　いずれの場合であっても、請求を行った事実及び時点の明確化を図る観点から、内容証明郵便を用いることをお勧めします。

第6章　非上場株式の換価と権利行使　　　163

> 解　説

1　譲渡等承認請求に関する規律

（1）　譲渡承認請求において明らかにすべき事項

　譲渡人による譲渡承認請求（会社に対して株式の譲渡を承認するか否かの決定を求める請求）は、①譲渡する株式の数（種類株式発行会社の場合、譲渡制限株式の種類及び種類ごとの数）、②株式を譲り受ける者の氏名又は名称を明らかにして行う必要があります（会社136・138一イ・ロ）。

　また、会社が承認をしない場合において、会社又は会社が指定する買取人が買い取ることを請求（買取請求）する場合には、その旨を明らかにする必要があります（会社138一ハ）。

　なお、譲渡承認請求を行う際の具体的な記載内容については、後記の【株式譲渡承認請求書　書式例】をご参照ください。

（2）　取得承認請求、譲渡承認請求について

　他方、譲受人による取得承認請求（会社に対して株式の取得を承認するか否かの決定を求める請求）は、原則として譲渡人と共同で行う場合にのみ認められています（会社137②）。

　また、この場合も、会社が承認をしない場合において、会社又は会社が指定する買取人が買い取ることを請求（買取請求）する場合には、その旨を明らかにする必要があります（会社138二ハ）。

　譲渡人による譲渡承認請求と譲受人による取得承認請求とを併せて「譲渡等承認請求」と呼ばれており、実務上は、譲渡人・譲受人の連名でこれらの請求がなされるケースが多くあります。

（3）　譲受人のみで取得承認請求ができる場合

　例外的に譲受人のみで取得承認請求が可能とされている場合については、会社法施行規則24条にて、以下のとおり定められています。

株券不発行会社の場合	① 株式取得者が、株主として株主名簿に記載若しくは記録がされた者又はその一般承継人に対して当該株式取得者の取得した株式に係る会社法137条1項の規定による請求（譲渡制限株式の取得承認請求）をすべきことを命ずる確定判決を得た場合において、当該確定判決の内容を証する書面その他の資料を提供して請求をしたとき（会社則24①一）。
	② 株式取得者が①の確定判決と同一の効力を有するものの内容を証する書面その他の資料を提供して請求をしたとき（会社則24①二）。
	③ 株式取得者が当該株式を競売により取得した者である場合において、当該競売により取得したことを証する書面その他の資料を提供して請求をしたとき（会社則24①三）。
	④ 株式取得者が組織変更株式交換により当該株式の全部を取得した会社である場合において、当該株式取得者が請求をしたとき（会社則24①四）。
	⑤ 株式取得者が株式移転（組織変更株式移転を含みます。）により発行済株式の全部を取得した会社である場合において、当該株式取得者が請求をしたとき（会社則24①五）。
	⑥ 株式取得者が会社法197条1項の株式（株主が所在不明であることを理由に競売に付された株式）を取得した者である場合において、同条2項の規定による売却に係る代金の全部を支払ったことを証する書面その他の資料を提供して請求をしたとき（会社則24①六）。
	⑦ 株式取得者が株券喪失登録者である場合において、当該株式取得者が株券喪失登録日の翌日から起算して1年を経過した日以降に、請求をしたとき（株券喪失登録が当該日前に抹消された場合を除きます。）（会社則24①七）。
	⑧ 株式取得者が会社法234条2項（会社法235条2項において準用する場合を含みます。）の規定による売却（端数株式の売却。株式の分割又は株式の併合によって生じた端数株式の売却を含みま

	す。）に係る株式を取得した者である場合において、当該売却に係る代金の全部を支払ったことを証する書面その他の資料を提供して請求をしたとき（会社則24①八）。
株券発行会社の場合	① 株式取得者が株券を提示して請求をしたとき（会社則24②一）。
	② 株式取得者が組織変更株式交換により株式の全部を取得した会社である場合において、当該株式取得者が請求をしたとき（会社則24②二）。
	③ 株式取得者が株式移転（組織変更株式移転を含みます。）により発行済株式の全部を取得した株式会社である場合において、当該株式取得者が請求をしたとき（会社則24②三）。
	④ 株式取得者が会社法197条1項の株式（株主が所在不明であることを理由に競売に付された株式）を取得した者である場合において、同項の規定による競売又は同条2項の規定による売却に係る代金の全部を支払ったことを証する書面その他の資料を提供して請求をしたとき（会社則24②四）。
	⑤ 株式取得者が会社法234条1項若しくは235条1項の規定による競売（端数株式の競売、若しくは株式の分割又は株式の併合によって生じた端数株式の競売）又は会社法234条2項（会社法235条2項において準用する場合を含みます。）の規定による売却（端数株式の売却。株式の分割又は株式の併合によって生じた端数株式の売却を含みます。）に係る株式を取得した者である場合において、当該競売又は当該売却に係る代金の全部を支払ったことを証する書面その他の資料を提供して請求をしたとき（会社則24②五）。

2　意思表示の方法

　譲渡等承認請求の意思表示の方法には定めはなく、口頭やメールでも可能です。

　しかし、請求を行った事実や時点を明確にする観点から、実務上は、内容証明郵便が用いられることが通例です。

3 譲渡等承認請求を行った後の流れ

譲渡制限株式についての譲渡等承認請求がなされた場合、譲渡を承認したくない会社は、承認・不承認の決定機関（定款で別段の定めを設けていない限りは、取締役会設置会社の場合は取締役会、取締役会非設置会社の場合は株主総会）の決議によって不承認とする旨の決定を行うとともに、譲渡等承認請求の日から2週間以内に、請求者に対して、その決定内容を通知する必要があります。

当該期間内に不承認通知を行わなかった場合には、譲渡等を承認する旨の決定をしたものとみなされます（会社145一）。

この点については、Q41をご参照ください。

4 本件の場合

本件の場合、譲渡の承認を得るためには、会社に対し、株式の譲渡人Aが単独で譲渡承認請求を行うか、Aと譲受人Bが共同して譲渡等承認請求を行うことになります。もっとも、会社法施行規則24条に該当する場合であれば、Bのみで会社に対し取得請求ができることも可能です。そして、当該請求を行う際には、①譲渡する株式の数（種類株式発行会社の場合、譲渡制限株式の種類及び種類ごとの数）、②株式を譲り受ける者の氏名又は名称を明らかにする必要があります。また、会社に対する請求の方法については、請求を行った事実及び時点の明確化を図る観点から、内容証明郵便で行うのがよいでしょう。

また、会社が承認をしない場合において、会社又は会社が指定する買取人が買い取ることを請求（買取請求）する場合には、会社に対して上記各請求を行う際に、その旨を明らかにする必要があります。

【株式譲渡承認請求書　書式例】

○○株式会社
代表取締役　○○○○　様

　　　　　　　　　　　　　　　　　　　　譲渡人　○○○○

　　　　　　　　　　　　株式譲渡承認請求書

　私は、○○株式会社の株式を下記のとおり譲渡するため、会社法第136条、同法第138条に基づき、貴社に対し、株式譲渡の承認を請求致します。
　貴社が承認しない旨の決定を行う場合には、貴社又は会社法第140条第4項により貴社の指定する買取人が買い取ることを請求致します。

　　　　　　　　　　　　　　記
　　　　　譲渡する株式の種類　　　　普通
　　　　　譲渡する株式の数　　　1,000株
　　　　　譲渡相手方
　　　　　　住　　所　　○○県○○市○○町○丁目○番○号
　　　　　　氏　　名　　○○○○
　　　　　　電話番号　　○○−○○○○−○○○○

　　　　　　　　　　　　　　　　　　　　　　　　　　以上

Q41 みなし承認

 私（A）は、B社の発行済株式の20％を父から相続しました。

私は、この株式を第三者に譲渡しようと思ったところ、譲渡による取得について会社の承認が必要となる譲渡制限株式であったことから、B社に対し、譲渡承認請求の通知を送りました。

しかし、既に1か月が経過しているにもかかわらず、会社側からの回答はありません。

このような場合、私が第三者に対して行った株式譲渡の効力はどうなるのでしょうか。

本件の場合は、譲渡承認請求を受けてから2週間以内に、譲渡を承認しない旨の決定の通知がなされていないため、第三者への譲渡を承認する旨の決定を行ったものとみなされ、B社は、第三者が株主となったことを否定できないことになります。

解　説

1　「みなし承認」が認められる場合

（1）　不承認通知の期間制限と「みなし承認」

譲渡制限株式についての譲渡等承認請求（会社138柱書）がなされたのに対し、会社が譲渡等を承認したくない場合、承認・不承認の決定機関（定款に別段の定めのない限り、取締役会設置会社の場合は取締役会、取締役会非設置会社の場合は株主総会）の決議によって譲渡等を承認しない旨の決定を行うとともに、譲渡等承認請求の日から2週間以内に、請求者に対して、その決定内容を通知する必要があります。

2週間以内に譲渡等を承認しない旨の決定を通知しなければ、譲渡等を承認する旨の決定をしたものとみなされます（会社145一）。

（２）　買付通知・供託証明書の交付期間制限と「みなし承認」

譲渡等承認請求と併せて買取請求がなされている場合において、不承認の決定を行う場合には、会社は、当該請求の対象株式を会社が買い取るのか指定買取人が行うのかを決定し、請求者に通知する必要があります。一定期間内に当該通知を行わなかった場合は、譲渡等を承認する旨の決定をしたものとみなされます。

具体的な規律は、以下のとおりです。

　ア　会社が買取人となる場合

この場合は、会社は、取締役会設置会社であるか否かに関わらず、株主総会の特別決議によって、①会社が買い取ること、及び②買い取る株式の数（種類株式発行会社においては、対象株式の種類と種類ごとの数）を決議するとともに（会社140①②・309②一）、譲渡等を承認しない旨の決定をしたことの通知を行った日から40日以内に、請求者に対して、会社が買取人となる旨の通知を行う必要があり、その通知がなされなかった場合には、譲渡等を承認する旨の決定をしたものとみなされます（会社145二）。

これに加えて、会社側は、会社が買取人となる旨の通知に先立って（あるいは同時に）、暫定的な買取代金を供託したことを証明する書面を交付する必要があり（会社141②）、その書面の交付を行わなかった場合にも、譲渡等を承認する旨の決定をしたものとみなされます（会社145三、会社則26一）。

　イ　指定買取人が買取人となる場合

この場合は、会社は、取締役会の決議（取締役会非設置会社の場合は株主総会の特別決議）によって、買取人の指定を行う必要があります（会社140⑤・309②一）。

そして、指定買取人は、会社が譲渡等を承認しない旨を決定したことの通知を行った日から10日以内に、請求者に対して、①自らが指定買取人として指定を受けたこと、及び、②自らが買い取る株式数（種類株式発行会社においては、対象株式の種類と種類ごとの数）を通知する必要があり（会社142①）、その通知がなされなかった場合には、別途40日以内に会社が、（指定買取人ではなく）会社が買い取る旨の通知をした場合を除き、譲渡等を承認する旨の決定をしたものとみなされます（会社145二）。

これに加えて、指定買取人は、上記の通知に先立って（あるいは同時に）、請求者に対して、暫定的な買取代金を供託したことを証明する書面を交付する必要があり（会社142②）、その書面の交付を行わなかった場合にも、譲渡等を承認する旨の決定をしたものとみなされます（会社145三、会社則26二）。

2　本件の場合

本件の場合、B社は、Aによる譲渡承認請求が行われてから、2週間以内に、譲渡を承認しない旨を決定したことの通知を行っていないことから、譲渡を承認する旨の決定をしたものとみなされます（会社145一）。

したがって、B社は、Aから株式譲渡を受けた第三者が株主となったことを否定できないことになります。

第6章　非上場株式の換価と権利行使　　　　171

Q42　株式売買価格決定申立事件（手続について）

Q　私（A）は、非上場会社の発行済株式の20％を父から相続しました。この株式は譲渡制限株式です。

この株式を第三者（B）に売却したいと考え、会社に対して譲渡等承認請求を行ったのですが、会社側は譲渡を承認せず、買取人を指定しました。

現在、指定買取人と交渉を行っているのですが、売買価格についての双方の希望が大きく乖離しており、協議がまとまりそうにありません。

この場合、裁判所に価格を決定してもらうことは可能でしょうか。

A　Aは、指定買取人から株式買取りの通知を受けた日から20日以内であれば、裁判所に対し、売買価格の決定の申立てを行うことができます。当該申立てを行った場合、裁判所が決定した価格が株式の売買価格となります。

解説

1　売買価格の協議

会社や指定買取人によって株式買取りの通知（会社141①・142①）がなされると、譲渡等承認請求者と買取人との間で売買契約が成立したことになります。そして、その売買価格については、当事者間の協議によって定めることができます（会社144①）。

2　株式売買価格決定の申立て

協議により合意に至らなかった場合やそもそも協議による合意が見

込まれない場合、当事者（譲渡等承認請求者又は買取人）は、裁判所に対し、売買価格の決定の申立てを行うことができます（会社144②）。

　もっとも、この売買価格決定の申立ては、買取りの通知（会社141①・142①）があった日から20日以内に申し立てる必要があります（会社144②⑦）。そして、当事者間で売買価格についての協議が調わない状態で、その期間内に申立てがなされなかった場合には、供託された金額（＝簿価純資産額）が売買価格となります（会社144⑤⑦）。

3　本件の場合

　以上より、本件の場合も、Aは指定買取人から株式買取りの通知があった日から20日以内であれば、裁判所に対し、売買価格決定の申立てを行うことができます。この場合、Aは、裁判所が決定した売買価格で売却することになります。

第6章 非上場株式の換価と権利行使　173

Q43　株式売買価格決定申立事件（価格について）

Q　A社の発行済株式数の5％を父から相続しました。この株式を非上場株式買取専門業者に売却しようとしたのですが、A社はこれを承認せず、指定買取人による買取りに応じるよう求められました。買取人として指定されたのは、A社の現代表者であって、A社株式の60％を保有するBです。Bは「少数株主なのだから」という理由で配当還元法で算定した価額で売却せよと主張してくるのですが、あまりにも安価で納得がいきません。裁判所に対して、売買価格決定申立てを行えば、より高額での決着となる可能性はあるのでしょうか。なお、A社については、特に解散等はせず、今後も事業を継続していく予定です。

A　裁判例上は、譲渡人が少数株主であることを理由として配当還元方式のみで売買価格を決定しているわけでは必ずしもありません。DCF法等の他の算定方式で算出した株価も考慮した上で売買価格を決定することも少なくないことから、配当還元法で算定された価格よりも高額の売買価格を裁判所が決定する可能性はあります。

【解　説】

1　売買価格決定の申立て

　会社は、株主の譲渡制限株式の譲渡等承認請求に対し、承認を拒否する場合、当該請求を受けて2週間以内に、譲渡等承認請求者に対して、株式買取通知（会社あるいは指定買取人が当該譲渡制限株式を買い取る旨の通知）（会社141①・142①）をすることになります。

譲渡等承認請求の手続の流れについてはQ40をご参照ください。

株式買取通知がなされた場合、当該株式の売買価格は譲受人となる会社あるいは指定買取人と譲渡等承認請求者との協議によって決定することになります（会社144①⑦）。もっとも、このような協議を行うことが義務付けられているわけではなく、売買当事者は、株主買取通知後20日以内であれば、会社の本店所在地を管轄する地方裁判所（会社868①）に対して、売買価格決定の申立てをして、裁判所に売買価格を決定してもらうことができます（会社144②④）。そのため、協議によって売買価格の合意ができない場合や協議しても売買価格の合意ができる見込みがない場合については、裁判所に対して、売買価格決定の申立てを行うことになります。

そして、このような申立てがなされた裁判所としては、売買価格の決定に当たって、譲渡等承認請求時における株式会社の資産状態その他一切の事情を考慮して売買価格を決定することになります（会社144③⑦）。

2 裁判例における評価手法

売買価格決定の申立てがされた場合、裁判所は、譲渡制限株式の売買価格を決定するに当たっては、「会社の資産状態その他一切の事情」を考慮しなければならないとされていますが（会社144③）、譲渡制限株式には取引相場がないため、会社の資産状態のほか、会社の収益状況、1株当たりの収益又は配当額、配当政策・配当能力、将来の事業の見通し、業界の状況といった、会社の事業活動及び財務状況等に関する一切の事情を考慮して、客観的に妥当な価格を定める必要があると解されています（大阪地決平27・7・16金判1478・26）（各算定方法の特徴についてはQ20をご参照ください。）。

（1） 株式評価方法の特定

　少数株主の企業価値に対する支配は、基本的に配当という形でしか及ぶことはないため、実際の配当が不当に低く抑えられていたとしても、少数株主は、その限度における配当を期待するほかないとして、かかる低額の配当を前提とした評価方法（典型的には実際配当還元法（配当還元法のうち、評価対象会社で実際に行われている配当金額を算定の根拠とする方法）が考えられます。）を考慮することは不合理ではないとした上で、配当還元法を採用する裁判例（大阪地決平25・1・31判時2185・142）がありますが、近時の多くの裁判例では、少数株主は配当を主な目的にせざるを得ないとの考え方を前提としながらも、会社の内部留保や純資産の額を反映した株式評価方法を採用する傾向にあります。

　具体的には、京都地裁令和5年4月25日決定（令3（ヒ）6・令3（ヒ）7）は、配当還元法を用いる場合、会社に内部留保が生じていてもそれを無視して株式価値を評価することになること及び支配株主であっても剰余金の配当や会社の清算をしなければ会社に留保されたフリー・キャッシュ・フロー（事業を通じてもたらされるキャッシュ・フローのうち出資者に分配可能な部分）を利得することはできず、逆に剰余金の配当等をすれば、少数株主であっても支配株主と同様に持ち株比率に応じてこれを享受できることから、少数株主と支配株主との間で保有株式の評価に差を設けるべきではないと判示した上で、同裁判例の事案において、会社に内部留保が生じていることから配当還元法を採用せず、また会社には事業計画がないことからDCF法も採用できないとして、時価純資産法を採用しました。

　その他には、①少数株主にとっての価値を算定するに当たりゴードン・モデル方式（配当還元法の一方式で、企業が獲得した利益のうち配当に回されなかった内部留保額は再投資によって将来利益を生み、

配当の増加を期待できるものとして評価する方法）を採用した裁判例（広島地決平21・4・22金判1320・49）や、②純資産法を採用した裁判例（福岡地判平20・4・8金判1320・27）、③継続企業価値の評価手法として最も合理的であるとしてDCF法を採用した裁判例（最決令5・5・24裁時1816・7）等があります。

（2）　複数の株式評価方法を採用する場合

買主の立場からの株式価値の算定に適した株式評価方法と売主の立場からの株式価値の算定に適した株式評価が必ずしも一致するわけではないことや、一つの評価方法を用いることにより短所が増幅される場合があることから、裁判例でも、複数の方式で算出した株価を一定の割合で加重平均して売却価格を決定することも少なくありません（福岡高決平21・5・15金判1320・20、前掲大阪地決平25・1・31、東京地決平26・9・26金判1463・44等）。

3　本件の検討

本件において、会社の内部留保が過大に行われて配当金額が抑えられている場合には、配当還元法を採用すると株価が不当に低く算定されてしまうことがあります。

もっとも、A社に解散の予定はなく、今後も事業を経営していくことからすると、売買価格決定の申立てを行うことにより、裁判所は、A社の株価算定に当たって、継続企業の株式評価に適しているとされるDCF法によって算出した株価を考慮することが考えられます。

このように、裁判所が企業の将来の収益獲得能力や固有の性質が反映されるような算定方法が採用される結果、配当還元法によって算定された株価よりも高額となる売買価格が裁判所によって決定される可能性はあります。

3 権利行使と和解

Q44 情報収集のための手段

Q 私は、父が所有していたA社の株式1,000株のうち500株を相続したのですが、残り500株については兄が相続しました。A社の発行済株式の総数は2,000株であり、父の所有ではなかった残りの1,000株のうち700株は兄が所有していると聞いているのですが、その真偽や他の株主のことについてはよく分かりません。また、A社は、父が亡くなる前から兄が代表取締役として経営を行っていたのですが、私は、これまでA社の経営には一切関与していなかったため、A社に関することについては何も分かりません。そこで、私は、兄に対して、A社についていろいろと教えてほしいと言っているのですが、いつもうやむやにされてしまって答えてくれません。このような場合、私がA社の情報を知るための手段としてはどのようなものがあるのでしょうか。

A 会社の情報を収集するための手段としては、収集したい情報に応じて、商業登記簿、定款、株主名簿、計算書類等、会計帳簿等、株主総会議事録、取締役会議事録の閲覧等を行うことになります。

解説

会社に関する情報を収集する手段としては、様々なものがあり、知りたい情報や持ち株数等に応じて適切な手段を選択することになります。そこで、以下では、代表的な情報の収集手段について見ていくこ

とにします。

　なお、以下で述べる以外の情報収集手段として、株主総会で取締役等に対し説明を求めることや、会社の業務及び財産の状況を調査させるための検査役の選任の申立てを行うことがありますが、前者についてはQ45を、後者についてはQ50をご参照ください。

1　商業登記簿

　株式会社では、①目的、②商号、③本店及び支店の所在場所、④資本金の額、⑤発行可能株式総数、⑥発行する株式の内容（種類株式発行会社にあっては、発行可能種類株式総数及び発行する各種類の株式の内容）、⑦発行済株式の総数並びにその種類及び種類ごとの数、⑧株券発行会社であるときは、その旨、⑨取締役の氏名、⑩代表取締役の氏名及び住所、⑪取締役会設置会社であるときは、その旨、⑫監査役設置会社であるときは、その旨及び監査役の氏名、⑬監査役の監査の範囲を会計に関するものに限定する旨の定款の定めがあるときは、その旨等を登記しなければならないとされており（会社911③）、かつこれらの登記事項に変更があった場合には、変更登記を行うことも義務付けられています（会社915）。

　そのため、以上のような登記事項を知りたいときは、商業登記簿の登記簿謄本の交付を受けることで、知ることができます。

　登記簿謄本の交付請求については、誰でも行うことができます。

　登記簿謄本の交付請求の方法については、法務局の窓口で行う、法務局に郵送で請求する、オンラインで請求するというものがあります。

　法務局の窓口で行う場合は、全国の法務局・出張所・支局のいずれでも行うことができ、手数料は登記簿謄本1通につき600円です。

　郵送で請求する場合は、法務局のホームページからダウンロードできる所定の申請書を記入の上、返信用封筒を同封して法務局又は地方法務局に郵送することになります。この場合の手数料も600円ですが、

別途返信用封筒に貼る切手代として110円が必要となります。

　オンラインで請求する場合、法務局が運営する登記・供託オンライン申請システムを通じて行うことになります。法務局の窓口で受け取る時は1通490円の、郵送で受け取る時は、1通520円の手数料が必要となります。

　なお、オンラインでは、一般財団法人民事法務協会が運営する登記情報提供サービスを通じて、誰でも商業登記簿を閲覧することも可能となっています。この場合、331円の手数料で閲覧することができます。なお、一時利用ではなく登録利用の場合については、別途登録費用（個人での申込みの場合300円、法人での申込みの場合740円）が必要となります。

2　定　款

　株式会社では、定款を本店及び支店に備え置き（ただし、電磁的記録をもって作成されている場合、法務省令で定める措置をとっていれば、本店のみでも可）、株主や債権者は、営業時間内であれば、いつでも閲覧や、謄本又は抄本の交付（なお、電磁的記録の場合については、会社の定めたものにより提供又はその事項を記載した書面の交付）を請求することができます（会社31）。

　定款には、①目的、②商号、③本店の所在地、④発行可能株式総数等が必ず記載されています（会社27・37①・98・113①）。また、⑤株式の譲渡制限に関する定め、⑥取得請求権株式に関する定め、⑦取得条項付株式に関する定め、⑧株券発行の定め、⑨一般承継により株式を取得した者に対する売渡しの請求の定め、⑩取締役会設置会社であるときは、その旨、⑪監査役を置く会社であるときは、その旨、⑫監査役の監査の範囲を会計に関するものに限定する定めがあるときは、その旨、⑬会計監査人を置く会社であるときは、その旨、⑭取締役の任期

を短縮、伸長している場合は、その任期、⑮監査役の任期を伸長している場合は、その任期、⑯少数株主権の持株数要件を会社法が規定する割合よりも下回る割合を定める場合は、その割合、⑰株主権行使に関する継続保有要件を会社法が規定する期間よりも短く定める場合は、その期間のように、会社法上、定款の定めがなければ効力を生じないとされている事項につき、定めがなされていれば、定款に記載されることになります。さらに、定款には、記載が義務付けられている事項以外についても記載されていることがありますので、⑱取締役の員数、⑲監査役の員数等、会社に関する情報を知りたい場合には、定款を見ることで知ることができることもあります。

　以上のように定款は、会社に関する基本情報が記載されているところ、その閲覧等については、株主や会社の債権者であれば行うことができます（会社31②）。また、その際に閲覧等を求める理由を示す必要はありません。もっとも、閲覧にとどまらず、謄本の交付請求等を行う場合については、会社が定めた費用を支払うことが必要となります（会社31②ただし書）。

　なお、実務上定款の管理が不十分な会社も見受けられるところ、このような会社に対して定款の閲覧等を請求しても、備え置きしていないことを理由に閲覧等が実現できないことがあります。このような場合、原始定款等、登記手続の際に添付されたものであれば、会社の本店所在地を管轄する法務局で閲覧することができます。もっとも、そのためには単に株主であるだけでは足りず、閲覧しようとする定款と利害関係があることを示す必要があります（商業登記法11の2、商業登記規則21②三）。

3　株主名簿

　会社法は、株主名簿を本店に備え置き、営業時間内であれば、株主

及び債権者は、いつでも閲覧、謄写を請求できることを定めています（会社125①〜③）。

　株主名簿には、①株主の氏名又は名称及び住所、②株主が有する株式の数（種類株式発行会社にあっては、株式の種類及び種類ごとの数）、③株式を取得した日及び④株券発行会社が株券を発行している場合にはその株券の番号（会社121）や、⑤質権の登録（会社148）等の記載が要求されていることから、これを閲覧謄写することによって、自己が保有している株式数や株式の種類が分かるほか、他の株主の情報を知ることもできます。そのため、少数株主権行使や株主総会での議決権行使に協力してくれる株主の探索に利用することもできます。

　株主名簿の閲覧謄写については、株主であれば誰でも請求でき、持株数要件や継続保有要件は定められていませんが、請求理由を明らかにして行う必要があります。また、拒絶事由（会社125③一〜四）があれば、会社は閲覧等を拒否することが可能です。

　なお、株主名簿の閲覧謄写については、Q11で詳細に記載していますので、そちらもご参照ください。

4　計算書類等

　計算書類とは、貸借対照表、損益計算書、株主資本等変動計算書及び個別注記表のことを指しており（会社435②、会社計算59①）、閲覧等することで、会社の財産や損益の状況を知ることができます。

　会社法は、毎事業年度の終了後、計算書類及び事業報告並びにこれらの附属明細書（以下、「計算書類等」といいます。）を作成することを求め（会社435②）、定時株主総会の日の1週間（取締役会設置会社の場合には2週間）前の日から、本店については5年間、支店については3年間備え置かなければならないと規定しています（会社442①一・②一）。

株主は、営業時間内であれば、いつでも計算書類等について閲覧や、謄本又は抄本の交付（なお、電磁的記録の場合については、会社の定めたものにより提供又はその事項を記載した書面の交付）を請求することができます（会社442③）。もっとも、閲覧にとどまらず、謄本の交付請求等を行う場合については、会社が定めた費用を支払うことが必要となります（会社442③ただし書）。

　計算書類等の閲覧等については、株主であれば誰でも請求でき、持株数要件や継続保有要件は定められておらず、閲覧等を求める理由を明らかにする必要もありません。

　また、計算書類等の閲覧等の仮処分命令については、計算書類等の閲覧等請求権に係る権利関係が確定しないために生ずる株主の損害と仮処分命令により会社が被るおそれのある損害とを比較衡量し、会社の被るおそれのある損害を考慮しても、なお株主の損害を避けるため緊急の必要がある場合であれば、認められることになります。

5　会計帳簿等

　会社法は、適時に、正確な会計帳簿を作成することを会社に義務付け、会計帳簿の閉鎖の時から10年間、その会計帳簿及びその事業に関する資料を保存する義務を負わせています（会社432）。そして、一定の要件を満たす株主に対しては、会計帳簿とこれに関する資料の閲覧又は謄写を請求することも認めています（会社433①）。

　このうち「会計帳簿」については、会社計算規則59条3項にいう会計帳簿、すなわち計算書類及びその附属明細書の作成の基礎となる帳簿、具体的には仕訳帳（伝票を仕訳帳に代用する場合には伝票も含みます。）、総勘定元帳及び各種の補助簿（現金出納帳、手形小切手元帳等）のことをいい、「これに関する資料」とは、その会計帳簿作成の材料となった資料、具体的には伝票、受取書、契約書、信書等をいうと

第6章　非上場株式の換価と権利行使

解する見解が多数説となっています。そのため、株主は、会計帳簿等の閲覧等の請求を行い、これらについての閲覧等を行うことで、会社が行った取引の内容等を知ることができます。

これに対して、法人税確定申告書及び明細書については、裁判例上、会計帳簿や会計資料に該当しないと判断される傾向があるため（東京地決平元・6・22判時1315・3、横浜地判平3・4・19判時1397・114、大阪地判平11・3・24判時1741・150）、株主が、会計帳簿等の閲覧等の請求を行っても、これらを閲覧等することは困難です。

会計帳簿等の閲覧、謄写（なお、電磁的記録の場合は、法務省令（会社則226二十七）で定める方法により表示したものの閲覧又は謄写）の請求については、総株主の議決権の100分の3以上、又は発行済株式の100分の3以上（ともに、定款によるその割合の引下げは可能）を有する株主であれば、会社の営業時間内にいつでも行うことができます。もっとも、その際には、当該請求の理由を明らかにする必要があります（会社433①）。

また、株主が、①その権利又は行使に関する調査以外の目的で請求を行ったとき、②会社の業務の遂行を妨げ、株主の共同の利益を害する目的で請求を行ったとき、③会社の業務と実質的に競争関係にある事業を営み、又はこれに従事するものであるとき、④会計帳簿等の閲覧等によって知り得た事実を利益を得て第三者に通報するため請求したとき、⑤過去2年以内において、会計帳簿等の閲覧等によって知り得た事実を利益を得て第三者に通報したことがあるときについては、会社は閲覧等を拒否することができます（会社433②一～五）。

さらに、会計帳簿等の閲覧謄写の費用については、株主の負担となります。

また、会社が、会計帳簿等の閲覧謄写を不当に拒否してきた場合、株主は、訴えを提起して閲覧等を求め、勝訴判決を得ることによって

閲覧等を実現することができます。

　会計帳簿等の閲覧等の仮処分命令については、会計帳簿等の閲覧等請求権に係る権利関係が確定しないために生ずる株主の損害と仮処分命令により会社が被るおそれのある損害とを比較衡量し、会社の被るおそれのある損害を考慮しても、なお株主の損害を避けるため緊急の必要がある場合であれば、認められることになります。

6　株主総会議事録

　会社法は、株主総会の議事について議事録の作成を会社に義務付け、株主総会の日から、本店についてはその原本を10年間、支店についてはその写しを5年間（ただし、電磁的記録により作成されている場合の例外あり）、備え置かなければならないと規定しています（会社318①～③）。

　株主総会議事録については、株主は、営業時間内であればいつでも、閲覧、謄写（なお、電磁的記録の場合は、法務省令（会社則226十七）で定める方法により表示したものの閲覧又は謄写）を請求することができます（会社318④）。

　株主総会議事録には、議事の経過の要領及びその結果の記載等が要求されていますので（会社則72③）、株主は、その閲覧等により、議題について提案された議案の内容の要領、提案についての趣旨説明及び質疑応答を含む発言事項の要領、報告事項に関する報告内容及びそれに関する質疑応答を含む発言事項の要領等を知ることができることになります。

　閲覧等の請求については、株主であれば誰でも請求でき、持株数要件や継続保有要件は定められていません。また、閲覧等を求める理由を明らかにする必要もありません。

7　取締役会議事録

　会社法は、取締役会の議事について議事録の作成を会社に義務付け、取締役会のあった日から、本店において10年間備え置かなければならないと規定しています（会社371①）。

　取締役会議事録については、株主は、営業時間内であればいつでも、閲覧、謄写（なお、電磁的記録の場合は、法務省令（会社則226十九）で定める方法により表示したものの閲覧又は謄写）を請求することができます（会社371②）。ただし、監査役が置かれており、かつその権限が会計監査に限定されていない監査役設置会社の場合、以上と異なり株主が取締役会議事録の閲覧等を行うためには、裁判所の許可を得ることが必要となります（会社371③）。この場合、閲覧等をすることにより当該会社又はその親会社若しくは子会社に著しい損害を及ぼすおそれがあると認めるときは、裁判所は閲覧等の許可をすることができないことになります（会社371⑥）。「会社等に著しい損害が生じるおそれ」については、企業秘密が明らかにされることにより損害が発生するおそれがある場合が典型的ですが、これに限らず、閲覧等を認めることにより得られる株主の利益と、会社等が被る損害とを比較衡量して、より多大な損害が会社等に生じるか否かについて個別の事件ごとに判断されることになります（大竹昭彦ほか編『新・類型別会社非訟〔第1版〕』8頁（判例タイムズ社、2020））。

　株主は、取締役会議事録の閲覧等をすることで、決議に賛成した取締役が誰であるかを知ることができるほか、議事の経過の要領及びその結果も記載・記録しなければならないことから（会社則101③四）、取締役会における審議の内容（報告、議案の提案、質疑応答等）の要領も知ることができます。さらに、決議を要する事項について特別の利害関係を有する取締役があるときは、当該取締役の氏名が記載・記録されることから（会社則101③五）、このことについても知ることができ

ます。

　取締役会議事録の閲覧等については、株主であれば誰でも請求でき、持株数要件や継続保有要件は定められていません。しかしながら株主がその権利を行使するために必要であることは要求されます（会社371②）。この場合の株主の権利については、共益権だけでなく自益権も含まれることになります。そのため、議決権の行使や取締役の責任追及をするために必要な場合だけでなく、剰余金の配当請求権や株式買取請求権を行使するために必要な場合についても、株主がその権利を行使するために必要な場合に該当することになります。

8　まとめ

　以上より、本件の場合、株式を相続した株主の保有株式数からは、上記のいずれの手段をとることができることから、収集したい情報に応じて、商業登記簿、定款、株主名簿、計算書類等、会計帳簿等、株主総会議事録、取締役会議事録の閲覧等を行っていくことになります。

Q45　株主総会における質問

Q 私は、Ａ社の株式を相続により取得したのですが、先日Ａ社から取締役選任についての議案等が記載されている株主総会の招集通知と決算書類が送付されてきました。取締役選任議案については、現在取締役に就任している者を再任しようとするものになっているのですが、その中の１人であるＢが、取締役就任中にＡ社から多額の借入れを行ったにもかかわらず、全く返済していないという噂を聞きました。私としては、貸借対照表に記載されている7,000万円の短期貸付金のほとんどがＢに対する貸付金ではないかと思い、Ｂを取締役として選任する議案に賛成するかどうかの参考とするために、株主総会でこの点について明らかにするよう求めたいのですが、可能でしょうか。また、明らかにするよう求めたにもかかわらず、説明がなされなかった場合は、どう対応すればよいのでしょうか。

A 株主総会において、貸借対照表に記載されている7,000万円の短期貸付金のうち、Ｂに対する貸付金の額がいくらであるかの説明を求めることができます。

また、説明を求めたにもかかわらず、拒否してきた場合は、株主総会決議取消しの訴えを提起することなどが考えられます。

解　説

１　取締役等の説明義務

　株主は、株主総会において、取締役、会計参与、監査役及び執行役に対し、特定の事項について説明を求めることができ、取締役らは、これに対して必要な説明を行う義務を負うことになります（会社314）。

もっとも、取締役らは、株主のあらゆる質問事項に対して説明義務を負うわけではなく、説明義務を負うのは、決議事項や報告事項と関連する事項だけです（会社314ただし書）。

　また、決議事項や報告事項と関連する事項であっても、説明をするために調査が必要な場合については、説明を拒むことができます。もっとも、①当該株主が株主総会の日より相当の期間前に質問事項を株式会社に対して通知した場合や、②質問事項について説明をするために必要な調査が著しく容易である場合については、調査が必要であることを理由に説明を拒否することはできません（会社則71一）。

　さらに、その説明をすることにより株主の共同の利益を著しく害する場合や、会社その他の者の権利を侵害する場合、質問が反復されている場合、その他株主が説明を求めた事項について説明をしないことにつき正当な理由がある場合（例えば、嫌がらせや株主総会運営の妨害等）についても、取締役等は説明を拒否することができます（会社314ただし書、会社則71二～四）。

　本件において、株主が短期貸付金のうち、Bに対する貸付金の額がいくらであるかについて説明を求めた場合、報告事項となっている貸借対照表に記載された短期貸付金に関して説明を求めるものであり、かつ取締役選任議案について会社提案を承認するか否かを判断する際の参考となるものです。そのため、株主総会で説明を求めれば、決議事項等に関係ないことを理由に説明を拒否することはできません。

　また、上記質問事項について説明をするためには簡単な調査で足りると思われますので、必要といえるかどうかは微妙ですが、余計な紛争を避けるという見地からは、株主総会の数日前に、あらかじめA社に対して通知しておくのが無難です。そうしておくと、調査が必要であることを理由に他に取締役は説明を拒否することもできません。さらに、取締役がその説明をすることにより株主の共同の利益が著しく

害されたり、会社その他の者の権利が侵害されるわけでもありません。そのため、当該質問が既に他の株主によってなされており、反復したものに該当するのでもなければ、取締役が説明しないことについて正当な理由が認められませんので、取締役は、株主総会において説明を求められれば、7,000万円の短期貸付金のうち、Bに対する貸付金の額を説明しなければならないことになります。

2 説明を拒否された場合の対応

　会社法314条に基づく取締役等の説明義務ですが、例えば再任を求められている取締役に関し、これを承認するか否かを判断するために、会社と取引を行っているか否かについて説明を求めた場合、その説明内容によっては、取締役等の利益相反行為等に対する責任追及の端緒となります。そのため、株主側としては、取締役の責任追及のための調査の一環として活用することが考えられます。

　しかしながら、それゆえに、会社側から説明拒否といった対応を受けることもあり得ます。このような場合、株主側としては、どのように対抗すればよいのでしょうか。

　（1）　議題との関連性を欠くことを理由とした説明拒否

　前項で述べたように、取締役等は、あくまで決議事項や報告事項と関連がある事項について説明義務を負うことになります。そのため、説明を求めた株主に対して決議事項や報告事項と関連がないことを理由に、取締役らが説明を拒否してくることが考えられます。

　この点、株主が説明を求める事項の中には、決議事項や報告事項と関連性があるか否かについての判断が容易ではないものもあります。このような事項については、株主側において、後の裁判等において、関連性があると認められる程度には、説明を求める理由、目的を補足せざるを得ないと思われます。

もっとも、補足するまでもなく関連性があることが明白な場合や、十分な補足を行った場合であるにもかかわらず、不当に取締役等が説明を拒否することはあります。

　このような場合については、株主総会決議の効力を争う等、事後的に対応せざるを得ませんので、不当な説明拒否であることを証拠化しておくことになります。具体的には、株主による質問とこれに対する取締役の回答は、決議事項や報告事項に関してなされた質疑応答として、株主総会議事録の記載事項（会社318①、会社則72③二）に該当しますので、株主総会議事録に記載するよう求めることになります。また、株主総会議事録に記載されない場合に備えて、株主総会の議事の経過等を録音しておくことも考えられます。なお、株主の共同の利益を著しく害するなど、議題との関連性を欠くこと以外の理由を根拠に説明を拒否することも考えられますが、このような場合についても事後的に対応せざるを得ませんので、上記と同様の方法で不当な説明拒否であることを証拠化しておくことになります。

（2）　不十分な説明

　株主総会において株主から説明を求められた事項につき取締役等が説明義務を負う場合、決議事項については、議案の賛否に関する合理的な判断に客観的に必要な情報の説明が（東京地判平16・5・13金判1198・18）、報告事項については、計算書類に関するものであれば、計算書類に記載された内容との関係で、会社の概況を合理的に理解できるような説明が（上柳克郎ほか編『新版注釈会社法（5）』148・149頁〔森本滋〕（有斐閣、1986））、それぞれ必要となります。

　しかしながら、取締役等からは、不十分な説明しか行われないこともあります（例えば、本件でいうと、短期貸付金にBに対する貸付金は含まれているが金額については回答しない等）。

　このような場合、説明として不十分であることを主張して、更なる

説明を求めることになりますが、それでも説明がなされない場合は、証拠化のため、一連の質疑応答に関するやり取りを株主総会議事録に記載するよう求めることになります。また、議事録への記載さえも拒否する場合に備えて、株主総会の議事の経過等を録音しておくことも考えられます。

（3） 株主総会決議の取消訴訟

取締役らが、株主の求めた事項について説明をしない、あるいは不十分な説明しかしない場合、説明義務の違反が認められることになります。

決議事項に関する説明義務に違反してなされた株主総会決議については、決議方法に法令違反があるものとして、取消しの訴え（会社831①一）による取消しの対象となります。

この場合、裁量棄却（会社831②）が認められるか否かが問題となりますが、十分な審議が尽くされ、議題の合理的な判断が可能な判断に至っていたと評価できる場合については、説明義務違反の事実が軽微であって、決議にも影響を及ぼさないものとして裁量棄却が認められるとする見解があり（岩原紳作編『会社法コンメンタール7－機関（1）』267頁〔松井秀征〕（商事法務、2013））、このような場合であれば裁判上も裁量棄却がなされる可能性が高いと思われます。

一方、報告事項に対する説明義務違反については、基本的には決議の瑕疵の問題は生じず、決議の取消しは認められません（福岡地判平3・5・14判時1392・126）。もっとも、報告事項を前提とした別の議案に間接的に影響を与える可能性がある場合については、当該別の議案に関する決議の瑕疵の問題が生じる可能性はあります。

（4） 過　料

説明義務違反が認められる取締役等については、100万円以下の過料の対象となります（会社976九）。

そのため、株主としては、裁判所に対し、過料を科すよう促すことが考えられます。なお、裁判所に対し、過料を科すよう促す方法については、Q57をご参照ください。

(5) 本件について

本件の場合、株主総会において説明を求めようとしている事項については、明らかにBを取締役として選任する議案との関連性が認められます。そのため、関連性がないことを理由に説明を拒否した場合や、不十分な説明しか行わなかった場合には、説明義務違反が認められることになります。

そこで、質疑応答の内容等を株主総会議事録に記載させるなどして、説明義務違反の事実の証拠化を行っておき、Bを取締役に選任する総会決議に対し、取消しの訴えを提起することが考えられます。それだけでなく、裁判所に対し、取締役に過料を科すよう促すことも考えられます。

コラム
○代理人弁護士による株主総会への出席

法律の専門家ではない一般の方が、適切に株主総会において取締役らに説明を求めることは必ずしも容易ではありません。そのため、株主側としては、自分の代わりに弁護士を株主総会に出席させて議決権を代理行使させたり、弁護士同席の下で株主総会に出席したいと考えることは少なくないと思われます。

しかしながら、その一方で株式会社の側では、定款で議決権を行使できる代理人を株主に限る旨を定めている会社も多い状況です。このような定款の定めのある会社において、株主でない弁護士を代理人として出席させ、議決権を代理行使できるか否かについては、裁判例上も見解が分かれているところではあります。しかしながら、近時は、①代理人が弁護士である等株主以外の第三者により株主総会が攪乱されるおそれが

第6章　非上場株式の換価と権利行使

全くないような場合で、株主総会入場の際にそれが容易に判断できるときであれば、弁護士を代理人とする議決権行使を拒否することは違法であると判示した裁判例（札幌高判令元・7・12金判1598・30）や、②非公開会社に対してその代理人として弁護士を出席させ、当該弁護士に議決権を代理行使させる旨をあらかじめ申し出たときは、当該非公開会社が、定款の定めを理由に、当該株主がその代理人として弁護士を出席させ、当該弁護士に議決権を代理行使させることを拒否することは、株主総会が弁護士により攪乱され当該非公開会社の株主の共同の利益が害されるおそれがあるなどの特段の事情のない限りは、違法であると判示した裁判例（東京地判令3・11・25判タ1503・196）が認められる状況です。

　そこで、このような裁判例に基づき、上記のような定款の定めがある会社であっても、株主でない弁護士を代理人として出席させ、議決権を行使することを試み、会社から出席を拒否されれば、訴訟等でその違法等を主張することも考えられます。しかしながら、このような場合、時間と費用がかかる可能性がある上、株主側の違法主張が認められない可能性は依然としてあります。そのため、現状では、あらかじめ十分な打合せを行った上で、株主のみで株主総会に出席してもらうという対応もあり得るところです。

Q46　議題提案権

Q 私は、2年前に、非公開会社であり、かつ取締役会設置会社であるA社の発行済株式（特に議決権は制限されていない）の10分の1を相続により取得したのですが、取締役Bは、無謀な不動産投資によってA社に多額の損失を出したにもかかわらず、いまだ取締役に就任しています。そのため、約3か月後に開催予定の定時株主総会で、Bの解任を株主総会の目的とするようA社に対して要求したいと思っているのですが、可能でしょうか。

A 議題提案権を行使することで、取締役の解任を定時株主総会の目的とすることができます。また、その際には、総会期日前に株主に対して議案の要領を通知してもらうべく、代表取締役に対し、その旨を請求しておくべきです。

解説

1　議題提案権

　会社法は、株主提案権として、株主に対し、一定の事項を株主総会の目的事項とすることを請求することができる議題提案権を認めています（会社303）。株主提案権としては、他に株主が株主総会において目的事項につき議案を提出できる議案提案権（会社304）と、議案の要領を株主に通知するか、招集通知に記載・記録することを株主が請求することができる議案要領通知請求権（会社305）とが認められています。議題と議案の関係については、株主総会の目的事項が議題、議題に対する具体案が議案であり、例えば、甲を取締役に選任する株主総会決議を行おうとする場合、「取締役の選任」が議題で、「甲を取締役の候

補者とする」という案が議案となります。

　取締役会設置会社でない会社の場合、議題提案権は、単独株主権となっていますので、株主は、1株以上有していれば、これを行使することができます。また、請求時期の制限もないことから、株主総会の会場において、行使することも可能です。

　これに対し、取締役会設置会社の場合、総株主の議決権の100分の1以上又は300個以上の議決権（それぞれ定款による引下げは可能）を有していることが必要となります（会社303②）。また、公開会社であれば、上記議決権要件に加え、その議決権を6か月（定款による短縮は可能）前から有していることも必要となります（会社303②）。さらに、議題提案権の行使は、株主総会の会日の8週間（ただし、定款による短縮は可能）前までに行うことが必要となります（会社303②）。当該権利を行使する場合、株主は会日がいつかを正確に知らないことも多いと思われますので、十分な余裕を持って行うことになります。

　議題提案権に基づく請求の方式については、会社法上、特に規定されていませんので、書面によらず口頭で行うことも可能です。しかしながら、定款で請求の方式を定めることは認められていますので、例えば、定款で書面によって請求することが義務付けられている場合は、株主は、書面により請求を行う必要があります。なお、定款に上記のような定めがなくとも、実務上は、内容証明郵便で行うのが通常です。

2　議案の通知要求

　株主が、議題提案権を行使する際に、議案提案権（Q47参照）も行使して議題に対する議案を提出する場合、他の株主に対し、提出理由の説明や議案に対する十分な検討時間を確保するため、通常は議案要領通知請求権を行使して、議案の要領を株主に通知することも請求します。

株主が、当該権利に基づいて提出しようとする議案の要領を株主に通知すること（書面・電磁的方法による招集通知をする場合には当該通知に記載・記録すること）を求めるためには、取締役（取締役会設置会社の場合は通常は代表取締役）に対し、株主総会の会日の8週間（定款による短縮は可能）前までに請求することが必要となります（会社305①）。

取締役会設置会社でない会社の場合、議案要領通知請求権は、単独株主権となっていますが、取締役会設置会社の場合は、総株主の議決権の100分の1以上又は300個以上の議決権（それぞれ定款による引下げは可能）を有していることが必要となります（会社305①ただし書・②）。また、取締役会設置会社が公開会社の場合については、上記議決権要件に加え、その議決権を6か月（定款による短縮は可能）前から有していることも必要となります（会社305①ただし書）。

議案要領通知請求権の行使がなされても、当該議案が法令・定款に違反する場合や、過去に議決権の10分の1（定款による引下げは可能）以上の賛成が得られなかった議案と実質的に同一のものであって、当該賛成が得られなかった日から3年を経過していない場合については、会社は、議案の通知請求を拒絶することができます（会社305⑥）。また、取締役会設置会社の場合、株主が提出しようとする議案の数が10を超えるときは、取締役は、10を超える数に相当することとなる数の議案については、議案の通知請求を拒絶することができます（会社305④）。なお、役員等の選任・解任の議案については、一候補者ごとに一議案を形成すると解されていますが、この提出議案数の制限との関係では、議案（候補者）の数に関わらず一つの議案とみなされることになります（会社305④一・二）。また、定款変更の議案については、二以上の議案について異なる議決がなされたとすれば当該議決の内容が相互に矛盾する可能性がある場合については、これらの議案は一議案と

みなされることになります（会社305④四）。

　適法な議案要領通知請求権の行使がなされた場合、株主への通知は会社の費用負担で行われることになります。

　株主の適法な議案要領通知請求権の行使を無視してなされた当該議題の決議については、取消しの対象となり得ます（会社831①一）。

3　本件について

　本件の場合、株主は、議題提案権を行使するための議決権要件や保有要件を満たしていることから、開催予定の定時株主総会において、Bの解任を株主総会の目的とするためには、代表取締役に対し、株主総会の日の8週間前までに、Bの解任を株主総会の目的とするよう請求することになります。また、その際には、総会期日前に、会社の費用負担で株主に対して解任議案の要領を通知してもらうべく、代表取締役に対し、その旨の請求も行うことになります。

Q47　議案提案権

Q 私は、1年前に、非公開会社であり、かつ取締役会設置会社であるＡ社の発行済株式（特に議決権は制限されていない）の10分の1を相続により取得したのですが、現取締役であるＢが会社財産を私的に費消しているのではないかと疑わせるような事情が明らかになりました。そのため、今度開催される定時株主総会では、取締役の選任が議題となっていることから経営が適切に行われるよう監視するために、私を取締役に選任する旨の議案を提出したいと思っています。今回初めてこのような議案の提案を行うことになりますが、どのようにすれば今度の株主総会において議案を提出することができるのでしょうか。

A 株主は、開催された株主総会の会場で、自己を取締役に選任する旨の議案を提出することができます。もっとも、そのような議案を提出するのであれば、総会期日前に株主に対して議案の要領を通知してもらうべく、代表取締役に対し、その旨を請求しておくべきです。

解　説

1　議案提案権

　会社法は、株主提案権として、株主に対し、株主総会において目的事項につき議案を提出できる議案提案権（会社304）を認めています。株主提案権としては、他に株主が一定の事項を株主総会の目的事項とすることを請求することができる議題提案権（会社303）と、議案の要領を株主に通知するか、招集通知に記載・記録することを株主が請求することができる議案要領通知請求権（会社305）とが認められていま

す。議題と議案の関係については、株主総会の目的事項が議題、議題に対する具体案が議案であり、例えば、甲を取締役に選任する株主総会決議を行おうとする場合、「取締役の選任」が議題で、「甲を取締役の候補者とする」という案が議案となります。

議案提案権については、株主総会の会場において直ちに行使することができ、事前に会社に対し、その行使を通知することは要求されていません。

もっとも、法令・定款に違反する議案や、過去に議決権の10分の1（定款による引下げは可能）以上の賛成が得られなかった議案と実質的に同一のものであって、当該賛成が得られなかった日から3年を経過していない議案については、会社は、その提案を拒絶することができます（会社304ただし書）。

2　議案の通知要求

上記のように、株主は、株主総会の会場で、議案を提出することができます。しかしながら、その場で突然議案を提出されても、他の株主は、その意図を十分に理解できない、検討時間が足りない等により、議案に賛成してもらえない可能性があります。

そのため、議案を提出しようと考えている株主としては、議案要領通知請求権を行使して、事前に議案の要領を株主に通知することが重要となります。

株主が、議案要領通知請求権を行使して提出しようとする議案の要領を株主に通知すること（書面・電磁的方法による招集通知をする場合には当該通知に記載・記録すること）を求めるためには、取締役（取締役会設置会社の場合は通常は代表取締役）に対し、株主総会の会日の8週間（定款による短縮は可能）前までに請求することが必要となります（会社305①）。

取締役会設置会社でない会社の場合、議案要領通知請求権は、単独株主権となっていますが、取締役会設置会社の場合は、総株主の議決権の100分の１以上又は300個以上の議決権（それぞれ定款による引下げは可能）を有していることが必要となります（会社305①ただし書・②）。また、取締役会設置会社が公開会社の場合については、上記議決権要件に加え、その議決権を６か月（定款による短縮は可能）前から有していることも必要となります（会社305①ただし書）。

　議案要領通知請求権が行使されても、当該議案が法令・定款に違反する場合や、過去に議決権の10分の１（定款による引下げは可能）以上の賛成が得られなかった議案と実質的に同一のものであって、当該賛成が得られなかった日から３年を経過していない場合については、会社は、議案の通知請求を拒絶することができます（会社305⑥）。また、取締役会設置会社の場合、株主が提出しようとする議案の数が10を超えるときは、取締役は、10を超える数に相当することとなる数の議案については、議案の通知請求を拒絶することができます（会社305④）。なお、役員等の選任・解任の議案については、一候補者ごとに一議案を形成すると解されていますが、この提出議案数の制限との関係では、議案（候補者）の数に関わらず一つの議案とみなされることになります（会社305④一・二）。また、定款変更の議案については、二以上の議案について異なる議決がなされたとすれば当該議決の内容が相互に矛盾する可能性がある場合については、これらの議案は一議案とみなされることになります（会社305④四）。

　適法な議案要領通知請求権の行使がなされた場合、株主への通知は会社の費用負担で行われることになります。

　株主の適法な議案要領通知請求権の行使を無視してなされた当該議題の決議については、取消しの対象となり得ます（会社831①一）。

3 本件について

　本件の場合、議案を提出しようとしている株主に取締役の欠格事由（会社331①三・四）がない限り、自己を取締役に選任する旨の議案につき法令定款違反は認められませんので、株主は、定時株主総会で、当該議案を提出することができます。

　一方、それに先立ち、会社の負担で、当該株主が提出しようとする議案の要領を、株主に対し通知することを求める場合、定款に別段の定めがない限り、定時株主総会の会日の8週間前までに、代表取締役に対し、その旨を請求する必要があります。この場合、株主には、当該請求を行う要件に欠けるところはありませんので、会社としては、株主からの請求に応じて、議案の要領の通知を行うことになります。

Q48 株主による株主総会の招集請求

Q 私は、5年前に取締役会非設置会社であり、かつ代表取締役が置かれていないA社の発行済株式（議決権の制限はなされていない）の10分の1を相続により取得したのですが、少なくとも私が相続した後に、株主総会が開催されたことはなく、取締役の任期が満了しているにもかかわらず、後任の取締役が選任されていません。そのため、後任の取締役を選任するための株主総会の招集を請求したいのですが、どうすればよいのでしょうか。

A 取締役（権利義務取締役）に対し、取締役の選任を目的とする株主総会を招集するよう請求すればよいでしょう。

解　説

　総株主の議決権の100分の3（定款による引下げは可能）以上の議決件を有する株主は、取締役（代表取締役）に対し、株主総会の目的である事項（当該株主が議決権を行使することができる事項に限ります。）及び招集の理由を示して、株主総会の招集を請求することができます（会社297①②）。なお、公開会社の場合、上記議決権要件に加え、請求の6か月（定款による短縮は可能）前から引き続きその割合の議決権を有していることも必要となります（会社297①）。一方、特例有限会社の場合は、株主が招集請求を行うためには、定款に別段の定めがなければ、総株主の議決権の10分の1以上の議決権を有していることが必要となります（会社法整備14①）。

請求の方式については、会社法に規定が置かれていないため、書面、口頭のいずれの方法でも可能ですが、実務上は内容証明郵便で行うのが通常です。また、法文上請求は「取締役に対し」行うこととされていますが、取締役会設置会社の場合、特段の事情がない限りは、代表取締役に対して行うことになります（岩原紳作編『会社法コンメンタール7　機関（1）〔初版〕』61頁（商事法務、2013））。さらに、権利義務取締役しか存在しない場合は、権利義務取締役に対し、請求することになります。

株主による招集請求がなされたにもかかわらず、遅滞なく総会招集手続が行われない場合、又は請求の日から8週間（定款による短縮は可能）以内の日を会日とする総会の招集の通知が発せられない場合、請求株主は、裁判所の許可を得て、自ら総会を招集できることになります（会社297④）。

以上より、本件の場合、株主としては、取締役の選任を目的とし、任期が満了しているにもかかわらず、株主総会が一度も開催されていないことを理由として、取締役に対し、株主総会の招集を請求することができます。

そして、取締役が当該請求に応じて株主総会を招集しなければ、自ら裁判所の許可を得て、株主総会を招集することも可能です。

Q49 株主総会の招集手続・決議方法の調査のための検査役の選任

Q 私は、2年前に非公開会社であるA社の発行済株式（議決権は制限されていない）のうち20分の1を相続により取得したのですが、これまで開催された株主総会では、株主から質問がなされても、取締役はこれに回答せずに、決議を行うということがなされてきました。私としては、次に開催される株主総会では、上記のようなことが行われずに適切に総会が行われるようにしたいのですが、そのためにはどうすればよいのでしょうか。

A 裁判所に対し、株主総会に先立って、招集の手続及び決議の方法を調査させるための検査役の選任の申立てを行うのがよいでしょう。

解説

1 株主総会の招集手続・決議方法の調査のための検査役の選任申立て

一定数以上の議決権を有する株主は、株主総会に係る招集の手続及び決議の方法を調査させるため、当該株主総会に先立ち、裁判所に対し、検査役の選任の申立てをすることができます（会社306①）。

当該申立てに応じて裁判所が、検査役を選任すると、検査役は、株主総会に係る招集手続、決議の方法について調査することになります。

検査役の調査の結果については、裁判所に報告されることとなり（会社306⑤）、かつ申立株主にも書面等により提供されます（会社306⑦）。そのため、検査役が選任されているにもかかわらず、招集手続、決議

第6章　非上場株式の換価と権利行使　　　205

の方法において違法な行為がなされた場合、当該報告書等を、総会決議取消訴訟における有力な証拠として提出することができることになります。また、それゆえに、検査役の選任には、招集手続や決議の方法において違法な行為がなされることを抑止する効果も期待できます。

　なお、検査役の選任申立てですが、特例有限会社については行うことができません（会社法整備14⑤）。

2　申立要件

　株主が、株主総会に係る招集の手続及び決議の方法を調査させるための検査役の選任申立てを行うためには、非公開会社であり、かつ取締役会設置会社でない場合、総株主（株主総会において決議することができる事項の全部につき議決権を行使することができない株主を除きます。）の議決権の100分の1（定款による引下げは可能）以上の議決権を有している必要があります（会社306①）。

　また、非公開会社であり、かつ取締役会設置会社である場合は、総株主（会社法298条1項2号に掲げる事項の全部につき議決権を行使することができない株主を除きます。）の議決権の100分の1（定款による引下げは可能）以上の議決権を有している必要があります（会社306②）。なお、公開会社については、更に6か月以上（定款による短縮は可能）という株式保有要件も要求されます（会社306②）。

　もっとも、株主総会の紛糾が予想される、招集手続や決議の方法などに瑕疵が生じるおそれがあるといった株主総会検査役選任を必要とする事由の存在等については、要件として求められていません。

　検査役の選任申立てについては、調査の対象となる株主総会の前に行う必要があり、総会開催後の申立ては不適法となります。そのため、申立ては、裁判所が申立株主の議決権要件の確認や検査役候補者の選定などに要する時間との関係上、余裕をもって行う必要があります。

3　調査対象やビデオ撮影の希望

　法律上要求されているわけではありませんが、検査役の選任申立てがなされると、実務上は、申立株主、会社（代表者）を呼び出し、事情等の聴取を行うのが通例となっています（松田亨＝山下知樹編『実務ガイド　新・会社非訟　会社非訟事件の実務と展望〔増補改訂版〕』154頁〔松田亨、河野仁志〕（きんざい、2016））。

　そのため、申立株主としては、当該事情聴取の際に、招集手続を調査の対象としないときは、その旨を裁判所に伝えることになります。また、株主総会の様子についてビデオに撮影することを希望する場合は、その旨を裁判所に対して伝えることになります。

4　予納金

　検査役の報酬は会社が支払うものですが（会社306④）、実務上は、検査役の選任決定前に報酬等に見合う予納金を申立人に納付させる扱いとなっています。

　予納金額については、ビデオ撮影に要する費用、株主総会に要する時間の見込み、会社の規模（株主の数）、具体的に株主総会が紛糾する可能性等を総合的に考慮して決定されることになります。そのため、申立ての際には、会社の規模や株式数、特に調査を希望するポイント等を書面に記載して提出することが望ましいとされています。

　予納金額を事前に予測することは容易ではありませんが、小規模の閉鎖的な同族会社であっても、100万円程度となることは十分あり得ます（松田＝山下・前掲158頁参照）。

5　本件について

　本件の場合、取締役による説明義務（会社314）の違反は、決議方法における法令違反に該当するため、検査役による調査の対象となります。

また、株主は、発行済株式の20分の1を保有し、検査役選任申立てが認められるために必要な議決権数要件を満たしています。そのため、裁判所に対し、招集手続及び決議方法を調査する検査役選任の申立てを行うことで、次に開催される株主総会において、取締役による説明義務違反を抑止することが期待できます。

　もっとも、検査役の選任は、株主総会の開催に先立って行う必要がありますので、株主総会日から余裕をもって選任申立てを行うことになります。

　また、招集手続を調査の対象とする場合や株主総会のビデオ撮影を希望する場合については、裁判所からの事情聴取の際に、その旨を伝えておく必要があります。

　それだけでなく、検査役の選任が認められるためには、予納金を納付する必要もありますので、その準備もしておく必要があります。

Q50　業務・財産状況の調査のための検査役の選任

Q　私は、昨年Ａ社の発行済株式（議決権の制限はなされていない）のうち10分の１を相続により取得したのですが、取締役であるＢが、多額の会社財産を横領しているとの噂を聞きました。そこで、会計帳簿の閲覧等を行って調査をしてみたのですが、不自然な金銭の動き等が認められ、Ｂによる横領が疑われるものの、明確に横領を行っているとまでは判断できませんでした。この場合、Ｂが横領を行っている証拠を更に収集するためにはどうすればよいのでしょうか。

A　裁判所に対し、会社の業務及び財産の状況を調査させるための検査役の選任の申立てを行うことが考えられます。

解　説

1　業務・財産状況の調査のための検査役の選任申立て

　一定の要件を満たした株主は、会社の業務の執行に関し、不正の行為又は法令若しくは定款に違反する重大な事実があることを疑うに足りる事由があるとき、裁判所に対し、会社の業務及び財産の状況を調査させるための検査役の選任の申立てをすることができます（会社358①）。

　当該申立てに応じて裁判所が、検査役を選任すると、検査役は、会社の業務及び財産の状況について必要な調査をすることになります。

　検査役の調査の結果については、裁判所に報告されることとなり（会社358⑤）、かつ申立株主にも書面等により提供されます（会社358⑦）。

この検査役による調査は、それ自体は直接取締役等の責任追及を目的としたものではなく、株主が、会社の業務や財産の状況を把握するための制度です。しかしながら、裁判所が選任した第三者機関である検査役が、会社の業務及び財産の状況を調査することから、不正な行為等がある場合には、その報告書は、株主代表訴訟や取締役の違法行為差止請求訴訟において、有力な証拠となり得ます。

2 申立要件

　株主が、会社の業務及び財産の状況を調査させるための検査役の選任申立てを行うためには、①総株主（株主総会において決議をすることができる事項の全部につき議決権を行使することができない株主を除きます。）の議決権の100分の3（これを下回る割合を定款で定めた場合はその割合）以上の議決権を有しているか、②発行済株式（自己株式を除きます。）の100分の3（これを下回る割合を定款で定めた場合はその割合）以上の数の株式を有していることが必要となります（会社358①）。

　また、会社の業務の執行に関し、不正な行為又は法令若しくは定款に違反する重大な事実があることを疑うに足りる事由が存していることも要求されます（会社358①柱書）。ここにいう「不正な行為」とは、会社の利益を害する悪意の行為、すなわち取締役又は執行役が自己又は第二者の利益を図って会社に財産的損害を生じさせる行為を意味し（落合誠一編『会社法コンメンタール8―機関(2)』115頁〔久保田光昭〕（商事法務、2009））、例えば、代表取締役の治療費の会社資金からの支出がこれに当たることになります（大阪高決昭55・6・9判タ427・178）。また、「法令違反」には、会社法の個別的規定に違反する場合はもちろん、その他の法令の規定に違反する場合を含み、一般的な善管注意義務違反（会社330、民644）ないし忠実義務（会社355）の違反（任務懈怠）もこれに該

当します（大阪高決昭55・6・9判タ427・178）。さらに、法令・定款違反の事実が重大であるか否かについては、会社財産のみならず株主の利益に対する直接・間接の影響及びその程度を考慮しつつ、検査役による会社の業務及び財産の状況の調査が合理的に必要な程度のものであるかによって判断されることになります（東京高決昭40・4・27下民16・4・770傍論参照）。そのため、例えば株主総会の招集手続又は決議方法の違法性が疑われるときであっても、決議取消しの訴え（会社831①）を直ちに提起すれば足りるような場合には、検査役選任の申立ては却下されることになります（落合・前掲116頁）。

3 予納金

検査役の報酬は会社が支払うものですが（会社358③）、実務上は、検査役の選任決定前に報酬等に見合う予納金を申立人に納付させる扱いとなっています。

予納金額については、会社の規模や調査の複雑性、困難性等を総合考慮して、決定されることになります。

4 本件について

本件の場合、株主は、発行済の普通株式の10分の1を有していますので、検査役選任申立てが認められるために必要な議決権数要件を満たしています。そこで、Bによる横領の証拠を収集するために、裁判所に対し、会社の業務及び財産の状況を調査させるための検査役の選任の申立てをすることが考えられます。

当該申立てに基づき裁判所が検査役を選任するためには、会社の業務の執行に関し、不正な行為又は法令若しくは定款に違反する重大な事実があることを疑うに足りる事由が存していることを疎明する必要があります。そのため、申立ての際、株主としては、会計帳簿の謄写

によって得た写しなど、これまで収集した資料を疎明資料として提出し、Bが横領行為を行っていることを疑うに足りる事由が存在していることを疎明していくことになります。

　また、検査役の選任が認められるためには、予納金を納付する必要もありますので、その準備をしておく必要があります。

Q51　役員解任の訴え、職務執行停止の仮処分

Q 私は、2年前に非公開会社であるA社の発行済株式（議決権は制限されていない）のうち10分の1を相続により取得したのですが、取締役であるBが、A社において多額の金銭を横領したにもかかわらず、株主総会では、Bを取締役から解任する旨の議案が否決されてしまいました。しかしながら、私としては、Bが多額の金銭を横領したにもかかわらず、A社の取締役であり続けることに納得できません。そこで、Bを取締役から解任することを求める訴訟を提起しようと考えているのですが、可能でしょうか。また、このような訴訟が提起できるのであれば、判決がなされるまでの間に、Bが取締役として業務執行を行うことができないようにしたいのですが、そのためにはどうすればよいのでしょうか。

A 裁判所に対し、Bを取締役から解任することを請求する訴えを提起することができます。また、当該訴訟中に、Bが取締役として業務執行を行うことができないようにするためには、裁判所に対し、職務執行停止の仮処分を求め、これを得ることが必要となります。さらに、場合によって、職務執行停止の仮処分と同時に、職務代行者選任の仮処分を求めることも必要となります。

解説

1　役員解任の訴え
（1）要件
役員の職務執行に関し不正の行為又は法令若しくは定款に違反する

重大な事実があったにもかかわらず、株主総会において解任議案が否決されたとき、又は株主総会の解任決議が会社法323条の規定により効力を生じないとき、総株主の議決権の100分の3又は発行済株式の100分の3（いずれについても定款による引下げは可能）以上の株式を有する株主は、総会の日から30日以内に、訴えをもってその取締役の解任を請求することができます（会社854①②）。なお、公開会社の場合、更に6か月（定款による短縮は可能）前から引き続き持株要件を満たすだけの株式を保有していることも必要となります（会社854①）。

上記要件のうち「株主総会において解任議案が否決されたとき」については、解任議案を否決する決議が成立した場合だけでなく、定足数に達する株主の出席がないため流会となった場合も含まれます（東京地方裁判所商事研究会編『類型別会社訴訟1〔第3版〕』13頁〔山﨑栄一郎〕（判例タイムズ社、2011））。また、「株主総会の解任決議が会社法323条の規定により効力を生じないとき」については、株主総会における解任決議の拒否権付種類株式（会社108①八・②八）が発行されている場合において、役員解任議案が株主総会において可決されたが、当該拒否権付種類株主の種類株主総会での承認を得られなかった結果、株主総会における役員解任決議の効力が生じないときを意味することになります。

「職務執行に関し」については、職務執行それ自体のみでなく、例えば、取締役会の認許を得ない競業行為や取締役の承認を得ないで会社と行う自己取引のように、職務の執行に直接又は間接に関連してなされた場合も含みます。

また、「不正の行為」とは、例えば会社財産の私消等、取締役がその義務に違反して会社に損害を生じさせる故意の行為のことをいいます。さらに、「法令若しくは定款に違反する重大な事実」に関しては、過失の場合も含みますが、重大な違反であることが必要となります。

（2） 管轄及び被告

役員解任の訴えですが、会社の本店所在地を管轄する地方裁判所に対し提起する必要があります（会社856）。その際には、会社と解任を求める取締役の双方を被告とすることになります（会社855）。

（3） 訴えの利益

役員解任の訴えの継続中に、当該役員が任期満了により退任し、株主総会において再任された場合において、訴えの利益が認められるか否かについては議論があるところです。しかしながら、裁判例の傾向としては、役員の退任により訴えの目的は喪失することを理由に、訴えの利益の喪失を認めず、退任後に再任されたという事情があっても、それは株主総会において多数株主の意向により新たに選任行為がされたものであって、当該役員の地位が退任前後にわたり継続していると評価できないとして、訴えの利益を認めないという結論を異にせず（東京高判令3・11・17金判1635・14等）、特段の事情がある場合に限り、例外的に訴えの利益が認める余地があることを示すものがあるにとどまっています（東京地判令3・11・24（令元（ワ）32635）等）。

そのため、このような場合においては、訴えの利益が認められることは、困難であると思われます。

（4） 本件について

本件の場合、Bの解任を求める訴えを提起しようとしている株主は、A社の発行済の普通株式のうち10分の1を保有していますので、持株要件は満たしています。また、Bは、多額の金銭を横領していますので、職務執行に関する不正の行為も認められます。さらに、株主総会におけるBに関する取締役解任議案の否決も認められます。そのため、株主は、当該否決決議がなされた株主総会の日から30日以内であれば、裁判所に対し、Bを取締役から解任することを請求する訴えを提起することができます。

もっとも、解任の訴え継続中に、Bが取締役から退任した場合については、その後に株主総会において取締役として再任されても、訴えの利益が認められることは難しく、訴えは却下されることになると思われます。

2　職務執行停止の仮処分
　役員解任の訴えを提起しても、対象となる取締役が業務執行をできなくなるわけではありません。そのため、不正な行為等を行った取締役が、更にこのような行為を行ってしまうといった危険があります。このような危険を避けたい場合、株主としては、裁判所に対し、職務執行停止の仮処分を求め、これを得ておくことになります。

（1）要　件
　職務執行停止の仮処分命令が発令されるためには、被保全権利と保全の必要性を疎明する必要があります（民保23②）。

　本案訴訟を取締役の解任の訴えとする場合、当該訴え自体が被保全権利となりますので、これが認められるためには、取締役の職務の執行に関する不正の行為又は法令・定款に違反する重大な事実について具体的に主張、疎明する必要があります。また、株主総会において、解任決議が否決されたことも主張、疎明することになります。

　保全の必要性については、解任を求められている取締役がそのまま職務を執行すれば会社に著しい損害又は急迫の危険が生じるおそれがあるため、これを避けるため職務執行停止の仮処分が必要であることを、主張、疎明する必要があります（民保23②）。このような場合の典型例としては、取締役が会社の重要な財産を自己の利益のために処分するおそれがある場合があります。

　会社に著しい損害又は急迫の危険が生じるおそれがあることについては、これを基礎付ける具体的な主張・疎明が要求されることとなり、

強度の保全の必要性を疎明しなければならないと解されています。

また、取締役解任の訴えを本案とする場合については、被保全権利の疎明により、保全の必要性が認められる場合が多いとされています（新谷勝『会社訴訟・仮処分の理論と実務〔増補第3版〕』288頁（民事法研究会、2019））。

（2） 担保金

職務執行停止の仮処分が発令されるためには、裁判所が求める金額を担保として立てる必要があります。担保額については、事案の内容、会社の規模、会社を取り巻く状況、取締役の員数、職務執行を停止される取締役の員数などを総合考慮して決定されることになります。

（3） 本件について

以上より、本件の場合、Bが業務執行に関与することを阻止するためには、解任の訴えを提起する前に、裁判所に対し、職務執行停止の仮処分を求める必要があります。この場合、裁判所に、被保全権利、保全の必要性を認められるためには、十分な疎明資料が必要となります。さらに、裁判所が求める金額の担保を立てることができるよう十分な金銭も準備しておくことも必要となります。

3 職務代行者選任の仮処分

取締役に対する職務執行停止の仮処分が発令されると、会社の業務を執行する取締役がいなくなり、会社業務に支障が生じる場合や、法令・定款所定の取締役の員数を欠く場合については、職務執行停止の仮処分と同時に取締役の職務を代行する職務代行者選任の仮処分を求めることが必要となります。

職務代行者に対しては、裁判所が決定する報酬額が支払われることになりますので（民訴費2⑮・20①後段、民執42）、職務代行者を選任する場合、裁判所からは担保決定と同時に予納金の納付（報酬額の6か月

分相当程度）も命じられることになります（民訴費12、民執14）。予納金の額については、通常は、会社の規模、会社を取り巻く状況、職務代行者の職務の内容、職務執行を停止される取締役の報酬額等を総合考慮して、職務代行者の1か月の報酬額を決定し、その6か月分相当額程度となります（丹下将克ほか「新・類型別会社訴訟14　取締役等の職務執行停止等の仮処分をめぐる諸問題」判例タイムズ1510号13頁(2023)）。また、複数の職務代行者を選任する場合については、職務代行者の役職に応じてそれぞれ報酬額を決定し、職務代行者の人数 × 報酬6か月分相当額程度の予納が求められることになります（丹下ほか・前掲13頁）。そのため、職務代行者選任の仮処分を求める場合、職務執行停止の仮処分のみを求める場合に比べ、金銭的負担が重くなってしまいます。

　本件の場合も、Bに対する職務執行停止の仮処分が発令されると、会社の業務を執行する取締役がいなくなり、会社業務に支障が生じる場合や、法令・定款所定の取締役の員数を欠く場合については、職務執行停止の仮処分と同時に取締役の職務を代行する職務代行者選任の仮処分を求めることになります。この場合、担保金だけでなく、予納金も納付する必要がありますので、そのための金銭も用意する必要があります。

Q52 株主総会決議不存在確認の訴え

Q 私は、A社の発行済株式の15％を相続し、株主になりました。A社の取締役兼代表取締役には発行済株式の80％を所有しているBが就任していたほか、CとDも取締役にしていました。ところが、これらの取締役の任期満了後にBは、株主総会が開催されていないにもかかわらず、自己や親族であるEとFが取締役として選任されたものとして登記し、かつEを代表取締役として登記して、Eを通じて会社を経営しています。そのため、私は、訴訟においてB、E、FをA社の取締役として選任した株主総会決議は存在しないことの確認を求めたいのですが、可能でしょうか。また、このような訴訟の係属中に、株主総会にて、B、E、Fを取締役として重任させる決議がなされた場合、係属中の訴訟に何か影響があるのでしょうか。

A 株主は、取締役として選任した株主総会決議が存在しないことの確認を求める訴訟を提起することができます。また、当該訴訟の係属中に、取締役として重任させる株主総会決議がなされたとしても、当該重任決議の不存在の確認を求める訴訟を提起し、これと併合審理されていれば、後の株主総会が全員出席総会であるなどの特段の事情がない限りは、先行する決議不存在確認の訴えにおける訴えの利益は否定されません。

解説

1 株主総会決議不存在確認の訴え

　取締役の選任は、株主総会により行わなければならないところ（会

社329①)、閉鎖的な中小企業においては、株主総会が開催されていないにもかかわらず、内容虚偽の株主総会議事録を作成して、取締役の就任登記を行い、取締役としての業務執行を行っていることがあります。

このように株主総会決議が行われていないにもかかわらず、これが行われたかのような外観がある場合、株主は、決議が存在しないことの確認を、訴えをもって請求することができます（会社830①）。

それだけでなく、株主総会決議らしきものはありますが、その決議に至るまでの手続的な瑕疵が著しく、法的に決議が存在するとは評価できない場合についても、株主総会決議不存在確認の訴えを提起して、決議の不存在の確認を請求することができることになります。手続的瑕疵が著しく、決議が不存在である旨が判例・裁判例において認められた事情としては、代表取締役でない者が株主総会を招集した場合(札幌高判昭55・9・30判タ427・180等。なお、代表取締役でない者が株主総会を招集したという事情に加え、当該招集につき取締役会決議もない場合に、決議の不存在を認めたものとして、最判昭45・8・20裁判集民100・373)、議長の資格のない者によって採決が行われた場合（東京地判平23・1・26判タ1361・218)、招集通知漏れの著しい場合（Q53参照)、継続会の会場が変更された後、当初の会場に一部株主が集合して決議した場合（東京地判昭30・7・8下民6・7・1353)、約47％の株式を保有する株主が会場の変更を拒んでいるのに、総会の会場を直前に変更し、当該株主の出席なく決議がなされた場合（大阪高判昭58・6・14判タ509・226）があります。なお、株主総会開催禁止仮処分に違反して開催された株主総会における決議について、不存在であると判示した裁判例がありますが（浦和地判平11・8・6判タ1032・238)、反対にこのような場合について決議の不存在を認めなかった裁判例もあります（大阪高判昭58・6・14判タ509・226)。

株主総会決議不存在確認の訴えは、被告を当該株式会社とし（会社834⑯)、会社の本店所在地を管轄する地方裁判所に提起する必要があ

ります(会社835)。この場合の訴額は、一つの決議ごとに160万円として算定されることとなり、同一の決議で数名の役員が選任されたことになっている場合については、1個の決議と数えることになります。なお、株主総会決議不存在確認の訴えでは、株主総会決議取消しの訴えのような出訴期間の制限はありません。

代表取締役の取締役選任決議の不存在が主張されている場合、訴訟において誰が株式会社を代表すべきかが問題となりますが、代表取締役として登記されている者を代表者とすべきと解されています(大阪高決昭49・9・10判タ313・271)。

株主総会決議不存在確認の訴えにおける請求認容判決が確定した場合、第三者に対しても効力を有することになり(会社838)、かつ不存在確認に係る決議事項について登記があったときは、裁判所書記官は、株式会社の本店所在地の登記所にその登記を嘱託することになります(会社937①一ト(1))。

以上より、本件の場合、株主は、B、E、Fを取締役として選任する株主総会決議が不存在であることの確認を求める訴えを提起することができます。そして、当該訴訟において、請求認容判決が確定した場合、裁判所書記官による登記の嘱託により、B、E、Fの取締役就任登記が抹消されることになります。

2　訴訟係属中に重任決議がなされた場合

取締役の選任決議が不存在である場合、同決議により選任された取締役が招集手続に関与して行われた取締役の重任決議についても、全員出席株主総会においてなされたなどの特段の事情がない限りは、不存在となります(最判平2・4・17民集44・3・526)。

そのため、取締役重任決議の不存在確認の訴えに、先行する当該取締役の選任決議の不存在確認請求の訴えが併合されている場合、後行

の株主総会決議が全員出席総会であるなどの特段の事情がない限りは、先行する取締役の選任決議の不存在確認の訴えの利益は、認められることになります（最判平11・3・25民集53・3・580、最判令2・9・3民集74・6・1557参照）。なお、上記の場合と異なり、取締役重任決議の不存在確認の訴えに、先行する当該取締役の選任決議の不存在確認の訴えが併合されていない場合であっても、先行する取締役の選任決議の不存在確認の訴えの利益は認められるか否かについては、議論があるところですが、併合されていなくても訴えの利益が認められる可能性はあります（斗谷匡志「事業協同組合の理事を選出する選挙の取消しを求める訴えに同選挙が取り消されるべきものであることを理由として後任理事又は監事を選出する後行の選挙の効力を争う訴えが併合されている場合における先行の選挙の取消しを求める訴えの利益」法曹時報74巻5号203頁(2022)参照）。また、取締役重任決議取消しの訴えに、先行する当該取締役の選任決議の不存在確認請求の訴えが併合されている場合に、先行決議の不存在確認請求の訴えの利益は消滅しないか否かについては、上記最高裁令和2年9月3日判決の判示内容からすると、先行決議が不存在であるか否かが後行決議の効力の先決問題となり、その判断をすることが不可欠であれば、特段の事情がない限り、先行決議の不存在確認請求の訴えの利益は消滅しないと解されることになると思われます。

　本件の場合も、B、E、Fを取締役として選任する株主総会決議の不存在確認の訴えの係属中に、B、E、Fを取締役として重任する株主総会決議がなされたとしても、当該取締役重任決議の不存在確認の訴えを提起するとともに、先行する取締役選任決議の不存在確認の訴えとの併合を求め、両訴訟を併合させておけば、特段の事情がない限り訴えの利益は否定されないことになります。

Q53　株主総会決議取消しの訴え

Q 私は、Ａ社の株式の５％を相続により取得したのですが、昨年開催された定時株主総会でＡ社の経営状況や財産状況についていろいろと説明を求めました。また、当該株主総会での説明に対し、いろいろと疑問がありましたので、その後に会計帳簿の閲覧謄写請求も行いました。そのせいか、先日開催された定時株主総会では、私に招集通知が発送されず、私だけが出席していない状況で、Ｂ、Ｃ、Ｄを取締役として選任する決議が出席株主全員の承認によりなされました。私としては、このような取締役選任決議は違法なものとして、取消しを求めたいのですが、どうすればよいのでしょうか。

A 株主総会決議取消しの訴えを提起して、取締役選任決議の取消しを請求することができます。ただし、訴えを提起したものの、裁量により棄却されてしまう可能性があります。

解　説

1　株主総会決議取消しの訴え

株主総会の招集の手続又は決議の方法が法令若しくは定款に違反し、又は著しく不公正なとき、株主総会の決議の内容が定款に違反するとき、株主総会の決議について特別な利害関係を有する株主が議決権を行使したことによって、著しく不当な決議がされたとき、株主等は、訴えをもって裁判所に対し株主総会決議の取消しを請求することができます（会社831①）。

このうち招集手続の法令違反の例としては、代表取締役による有効

な取締役会決議に基づかない株主総会の招集、株主に対する招集通知漏れ、招集の通知期間の不足等があります。また、決議の方法の法令違反の例としては、株主総会における説明義務違反、議決権行使の妨害、取締役設置会社における招集通知に記載のない事項の決議等があります。さらに、決議の方法の著しい不公正の例としては、出席困難な時刻、場所での株主総会の招集等があります。さらに、特別利害関係人の議決権行使による著しい不当な決議の例としては、責任を追及されている取締役の議決権行使による責任の一部免除決議（会社425①）の成立等があります。

2 招集通知漏れと株主総会決議の存否

前項で述べたように、株主に対する招集通知漏れがあることは、株主総会決議の取消事由に該当しますが、招集通知がなされなかった株主が有する株式数によっては、株主総会の決議自体が不存在となり、株主総会決議不存在確認の訴えを提起するのが相当な事案もあります。

これについては、排除された株式数が2割に満たないような場合については決議取消事由があるにすぎず、排除された株式数が4割を超えるような場合については決議自体が不存在になると解されています。また、排除された株式数のみではその瑕疵が取消事由か不存在事由かが明確でないような場合については、株式会社側の主観的意図も考慮して、その瑕疵が著しいといえる場合には決議不存在といえる場合もあると考えるのが相当であると解されています（東京地方裁判所商事研究会編『類型別会社訴訟1〔第3版〕』399・400頁（判例タイムズ社、2011））。

3 訴訟手続等

株主総会決議取消しの訴えは、株式会社のみを被告として（会社834十七）、株式会社の本店所在地を管轄する地方裁判所に対し（会社835）、

株主総会決議の日から3か月以内に提起する必要があります（会社831①）。しかしながら、株式の継続保有の要件は設けられておらず、株主になればすぐにでも訴えを提起することが可能です。

訴額については、一つの決議ごとに160万円として算定し、同一決議により数名の取締役が選任された場合であれば、1個の決議として数えることになります。

なお、取締役選任の決議取消しの訴えの係属中に、その決議に基づいて選任された取締役全員が任期満了により退任し、その後の株主総会の決議によって新役員が選任された場合、決議取消しの訴えにおける訴えの利益が認められるかが問題となります。この点については、先行決議が取り消されれば、先行決議は初めから無効であったものとみなされるため、同決議により選任された取締役が招集手続に関与した後行決議は、いわゆる全員出席総会においてなされたなどの特段の事情がない限りは瑕疵があることになります。そのため、上記のような場合、後行決議の不存在確認訴訟と併合されていれば、特段の事情がない限り、先行する取締役選任決議の決議取消しの訴えの利益は失われないものと解されます（最判令2・9・3裁時1751・1参照）。

4　裁量棄却

決議取消事由が存在する場合であっても、その瑕疵が招集手続又は決議方法の法令・定款違反という手続上の瑕疵であり、その違反する事実が重大でなく、かつ決議に影響を及ぼさないと認めるときは、裁判所は、株主総会決議取消しの請求を棄却することができることになります（会社831②）。

この点に関する判例としては、排除された株式数が1％に満たない事案につき、決議に影響を及ぼさないとして裁量棄却を認めたもの（最判昭37・8・30判時311・27）がある一方で、排除された株式数が2割弱で

あり、かつ決議が僅差でなされた事案につき裁量棄却を認めなかったもの（京都地判平元・4・20判タ701・226）があります。

5　本件について

本件では、A社の株式のうちの5％を有する株主に対し、招集通知がなされていないことから、株主総会決議が不存在であるとはいえないものの、招集の手続に法令違反が認められるため、取締役選任決議については、取消事由が認められることになります。そのため、当該株主は、取締役選任決議がなされてから3か月以内に、A社の本店所在地を管轄する地方裁判所に対し、A社を被告とする株主総会決議取消しの訴えを提起することで、取締役選任決議の取消しを求めることができます。

そして、当該訴訟の係属中に取消しを求める決議に基づいて選任された取締役全員が任期満了により退任し、その後の株主総会の決議によってこれらの取締役が新たに選任されたとしても、後行決議の不存在確認の訴えを提起し、これと併合されれば、訴えの利益は失われないことになります。

もっとも、本件において問題となっている取消事由は、招集手続の法令違反という手続上の瑕疵です。そのため、裁判所による裁量棄却が可能となります。

本件では、排除された株主の株式数は5％であるところ、これが重大な瑕疵に該当するか否かについての判断は必ずしも容易ではありません。しかしながら、重大な瑕疵に該当しないと解される余地は十分にあるように思われます。しかも、それ以外の株主全員が出席し、出席株主全員で承認決議を行っているため、通常は、排除された株主が出席したとしても決議に影響を及ぼさなかったものと思われます。

したがって、裁判所により裁量棄却されてしまう可能性はあると思われます。

Q54 株主代表訴訟

Q 私は、非公開会社であるＡ社の発行済株式のうち100分の１を相続により取得したのですが、Ａ社の代表取締役であるＢは、Ａ社が所有している不動産を時価よりもかなり安価で自らに売却していたことが発覚しました。しかしながら、Ａ社の他の取締役は、Ｂの責任を追及してＡ社が被った損害の賠償を求めようとしません。そこで、私が、Ａ社のために、Ｂに対し、Ａ社に損害賠償請求するよう求めたいのですが、どうすればよいのでしょうか。

A 株主代表訴訟を提起することで、株主は、自ら取締役に対し、会社に対する損害を賠償するよう求めることができます。

解説

1 株主代表訴訟

会社法は、一定の要件の下、株主が、会社に代わって、取締役や監査役等に対し、訴訟を提起して会社に対する損害賠償を行うよう請求することを認めています（会社847）。当該訴訟については、株主代表訴訟と呼ばれていますが、株主にとっては、取締役等に対し、適切な賠償をさせるための有効な手段となります。また、本章概説３（１）で述べたように株主代表訴訟によって取締役の会社に対する責任追及を行っていく中で、和解等により、株式の売却を実現できることもあります。

本件の場合、代表取締役Ｂは、Ａ社が所有している不動産を時価よ

りもかなり安価で自らに売却するという利益相反行為を行うことで、A社に損害を発生させていることから任務懈怠が認められます。そのため、株主としては、A社の取締役が、Bの責任を追及しない状況で、BにA社に対する損害賠償を行わせるために、上記任務懈怠を理由に株主代表訴訟を提起していくことになります。

2 提訴要件

（1） 提訴請求

株主は、会社が取締役等に対する責任追及をしないからといって、直ちに会社に代わって、訴訟により取締役等に対し、会社に損害賠償するよう求めることができるわけではありません。その前提として、会社に対し、書面又は電磁的方法により、取締役等の責任を追及する訴えを提起するよう求めなければなりません（会社847①、会社則217）。この請求については提訴請求と呼ばれています。

　ア　提訴請求の名宛人

提訴請求は、監査役設置会社（会社2九）であれば監査役に対し、それ以外の会社であれば、代表取締役又は取締役・会社間の訴訟につき会社を代表する権限を有する者（会社353・364）に対し、行う必要があります。なお、監査役が置かれている会社であっても、監査役の権限が会計監査に限定されている場合については、監査役設置会社には該当せず、代表取締役又は取締役・会社間の訴訟につき会社を代表する権限を有する者に対して提訴請求を行う必要がありますので、注意してください。

公開会社、監査役会設置会社及び会計監査人設置会社では、監査役の権限を会計監査に限定できませんので、提訴請求は、監査役に対して行うことになります。一方、特例有限会社の場合、監査役の権限は常に会計監査に限定されることになりますので、提訴請求は、代表取

締役又は取締役・会社間の訴訟につき会社を代表する権限を有する者に対して行うことになります。

　以上に対し、監査役会設置会社及び会計監査人設置会社以外の非公開会社（全株式譲渡制限会社）において監査役が置かれている場合、監査役の権限が会計監査に限定されているか否かは確認してみないと分からないことになります。そのため、提訴請求を行う際には、この点につき、確認しておく必要があります。平成27年5月1日以降に監査役が就任又は再任している場合、監査役の権限が会計監査に限定されていれば、その旨が登記されていますので、登記簿を見ることで監査役の権限の範囲を確認できることになります。一方、監査役の就任又は再任がそれよりも前の会社については、登記簿を見ても判明しないことがあり得ますので、定款を確認しておく必要があります（なお、会社法制定前の商法特例法上の小会社では定款において会計監査に限定されている旨が明記されていませんので注意が必要です。）。

　名宛人を誤って提訴請求を行った場合、原則的には、有効な提訴請求があったとは認められないことになります。もっとも、本来の提訴請求を受けるべき者が、提訴請求書の記載内容を正確に認識した上で役員等に対する訴訟を提起すべきか否かを自ら判断する機会があったときについては、例外的に適法な提訴請求があったのと同視される可能性はあります（最判平21・3・31民集63・3・472参照）。

　　イ　提訴請求における記載事項

　提訴請求では、書面等において、誰に対し、どのような事実・事項についての責任追及が求められているのかを会社が判断できる程度に記載しておく必要がありますが（会社則217）、請求原因事実を漏らさず記載することまでは求められていません。

　そして、会社が提訴請求を受けた日から60日以内に訴えを提起しなければ、株主は、株主代表訴訟を提起することができることになりま

す（会社847③）。

　　ウ　提訴請求できる株主

　提訴請求は、公開会社であれば、6か月前から引き続き株式を有している株主でなければできません（会社847①）。しかしながら、非公開会社についてはこのような株式保有要件は要求されず、株主になればすぐに提訴請求を行うことができます（会社847②）。

　なお、公開会社における上記株式保有要件は、あくまで提訴請求との関係で問題となるものです。そのため、責任追及の対象となる取締役等の行為が、株式取得前や株式取得後6か月以内に行われたものであったとしても、株式取得から6か月を経過すれば、このような行為を対象とした提訴請求を行うことは可能です。

（2）　訴訟提起

　会社が提訴請求を受けた日から60日以内に訴えを提起しない場合、株主は株主代表訴訟の提起が可能となります（会社847③）。

　訴えの提起については、会社の本店所在地を管轄する地方裁判所に行う必要があります（会社848）。その際、必要となる印紙代は、一律1万3,000円です（会社847の4①、民訴費4②・別表第一）。

　また、株主が訴訟を提起したときは遅滞なく会社に対してその旨の告知を（民訴53）する必要があります（会社849④）。

（3）　本件の場合

　以上より、本件の場合、株主が株主代表訴訟を提起するためには、まずA社に対し、書面等において、Bに対し、A社が所有している不動産を時価よりもかなり安価で自らに売却したことについての責任追及を求めていることがA社に分かる程度に記載した提訴請求を行うことになります。この提訴請求は、A社が監査役設置会社でない場合は、代表取締役又は取締役・会社間の訴訟につき会社を代表する権限を有する者に対し、監査役設置会社の場合は、監査役に対し行うことにな

ります。

　なお、A社は非公開会社であり、公開会社ではありませんので、株主であれば、6か月前から株式を保有していなくても提訴請求は可能です。

　A社が、提訴請求を受けた日から60日以内に訴えを提起しなければ、株主は、A社の本店所在地を管轄する地方裁判所に、A社に対する損害賠償をBに求める訴訟を自ら提起することができます。そして、訴訟提起後は遅滞なく、会社に対し、訴訟告知を行うことになります。

3　訴訟提起後に考えられる取締役等の対応やその対策
（1）　提訴請求権の濫用を理由とする訴え却下の主張

　株主代表訴訟の提起が、訴訟を提起した株主若しくは第三者の不正な利益を図り又は会社に損害を加えることを目的とする場合、一種の権利濫用として不適法なものとなり（会社847①ただし書）、訴えが却下されることになります。

　そのため、代表訴訟提起の背景として、株主間の紛争がある場合、訴えを提起された取締役等の側から、株主の不正な利益を図り、又は会社に損害を加えることを目的としたものであるとして、会社法847条1項ただし書に基づいて訴えの却下を求められることがあります。

　しかしながら、株主代表訴訟が、内紛・売名等の動機で提起されても直ちに権利濫用とはいえないと解されており（東京高判平元・7・3金判826・3）、会社から金銭を喝取する等の不当な個人的利益獲得の意図に基づく提訴（長崎地判平3・2・19判時1393・138）に該当するなど、限定的な場合でない限りは、権利濫用に該当するとして訴えが却下されることはありません。

　そのため、例えば、代表訴訟提起の背景として会社株式の売却目的があったとしても、取締役等に対する責任追及目的もある場合であれ

ば、勝訴見込みがないにもかかわらず訴えを提起したという事情でもない限りは、権利濫用に該当するとして、訴えが却下されることはないと思われます。

(2) 立担保の申立て

株主代表訴訟を提起した場合、取締役等が、悪意による訴え提起であるとして、会社法847条の4第2項に基づき、裁判所に対し、株主に相当な担保を立てるべきことを命じるよう申し立てることもあります。

もっとも、裁判所が担保の提供を命ずるためには、取締役等の側で、悪意による訴え提起であることを疎明する必要がありますが（会社847の4③）、ここにいう悪意による訴え提起に該当する場合については、株主の請求に理由がなく、そのことを知って訴えを提起するときや、提訴株主が代表訴訟を手段として不法不当な利益を得ようとして訴えを提起するときなど、限定的に解されています。

そのため、単に株主代表訴訟の背景に、株主間の対立があるだけで、株主に担保の提供が命じられることはありません。また、株式の売却が訴え提起の目的の一つであったとして、取締役等に対する責任追及も目的としているのであれば、請求に理由がなく、そのことを株主が知っている場合でない限りは、担保の提供を命じられることはないと思われます。

(3) 会社による取締役等の側への訴訟参加

株主代表訴訟が提起された場合、会社は、取締役等の側に補助参加することも可能です（会社849①）。

少数株主が、支配株主である取締役に対し代表訴訟を提起した場合、会社が取締役等の側に補助参加することは十分あり得ますので、株主としては、訴訟を提起する際、この点も考慮しておく必要があります。

(4) 株主側の対策

代表訴訟を提起する場合、株主としては勝訴するためにはもちろん、上記(1)(2)で述べた取締役等による提訴請求権濫用の主張や立担保の申立てが認められないようにするためにも、可能な限り資料を収集しておく必要があります。

具体的には、会社は、提訴請求を行った株主から請求を受けたときは、遅滞なく訴えを提起しない理由を書面や電磁的方法により通知する必要がありますので（会社847④、会社則218）、株主としては、当該不提訴通知を見て、訴訟において予想される取締役等の側の反論を把握し、主張立証計画を立てておく必要があります。また、会社から不提訴通知がなされていなければ、その通知を求めるべきです。

さらに、株主総会で説明を求めたり（Q45参照）、会計帳簿、株主総会議事録、取締役会議事録の閲覧謄写等を行うこと（Q44参照）のほか、会社の業務及び財産の状況を調査させるための検査役の選任の申立（Q50参照）を行うことも資料の収集方法として考えられます。

(5) 本件の場合

以上より、本件の場合も、A社から不提訴理由の通知に示された理由も考慮して、訴訟戦略を立てることになります。そのため、不提訴通知がなされていなければ、これを求めます。

また、訴訟提起の段階から、提訴請求権の濫用を理由とする訴え却下の主張や立担保の申立てが認められないよう留意し、最終的に勝訴できるよう必要に応じて適宜、会計帳簿等の閲覧謄写等により収集した資料を基に、主張立証を行うことになります。

Q55 違法行為の差止請求

Q 私は、非公開会社であり、会計監査権限しか有しない監査役が置かれているＡ社の発行済株式のうち10分の1を相続により取得したのですが、Ａ社の代表取締役であるＢが、親族が設立したＣ社の事務所にするために、Ａ社が所有している土地建物を時価の5分の1の安価で売り渡そうとしていることを知りました。Ａ社が当該土地建物を売却しなければならない事情は全くなく、Ｃ社の便宜を図ることのみを目的とするものであることから、この売却を阻止したいのですが、何か方法はないのでしょうか。

A 違法行為差止めの仮処分の発令を求め、その決定を経た上で、違法行為差止請求訴訟を提起して勝訴判決を得ることで、阻止できる可能性があります。

解説

1 違法行為差止請求

株主は、取締役が株式会社の目的の範囲外の行為、その他法令・定款に違反する行為をし、又はこれらの行為をするおそれがある場合、一定の要件を満たしていれば、当該取締役に対し、当該行為をやめるよう請求することができます（会社360）。

この違法行為差止請求ですが、非公開会社（全株式譲渡制限会社）では、株主は、株式取得後から直ちに行うことが可能ですが、公開会社では6か月前から引き続き株式を有していないと行使することができません（会社360①②）。

また、違法行為差止請求が認められるためには、監査役が置かれていない会社、あるいは置かれていても会計監査権限に限定されている会社については、当該取締役の行為により「著しい損害」が生ずるおそれがあることが、監査役設置会社、監査等委員会設置会社又は指名委員会等設置会社については、当該取締役の行為により「回復することができない損害」が生じるおそれがあることが、それぞれ必要となります（会社360①③）。

　この「著しい損害」については、当該行為によって会社に生ずるおそれがある損害がその質及び量において著しいことをいい、そうであれば当該損害が損害賠償その他の措置によって回復することができる程度のものであっても、これに当たると解されています。また、「著しい損害」が生ずるおそれがあるか否かについては、当該行為による会社の利益の侵害の態様及び程度並びにこれによる損害の性質・程度及び損害の回復の困難の程度等を総合考慮して判断されることになります。

　これに対して、「回復することができない損害」が生ずるおそれがあるときとは、「著しい損害」より程度の大きい損害が生ずるおそれがあるときであり、例えば、①当該行為によって会社から流失した財産を取り戻すことができず、その損害が取締役の賠償責任によって償い切れない場合、②当該行為によって会社に生じる損害を回復することが手数・費用等から著しく困難である場合、③当該行為自体による損害が僅少であっても、当該行為を看過すれば、これを絶えず頻繁に繰り返され、相当な救済方法が失われる可能性がある場合等がこれに当たると解されています。そして、「回復することができない損害」が生ずるおそれがあるか否かについては、当該行為による会社の利益の侵害の態様及び程度並びにこれによる損害の性質・程度及び損害の回復の困難の程度等を総合考慮して判断されることになります。

本件の場合、代表取締役であるBが、A社の土地建物を売却しなければならない理由もなく、C社の便宜を図ることのみを目的として時価の5分の1の価額で売却する行為は、善管注意義務（会社330、民644）、忠実義務（会社355）に違反するものとして法令違反行為に該当するものと考えられます。

また、A社は非公開会社ですので、請求しようとしている株主が株式の取得から6か月が経過していない場合であっても、差止請求は可能です。

さらに、A社は会計監査権限しか有しない監査役が置かれている会社ですので、Bによる土地建物の売却により、A社に「著しい損害」が生じるおそれがあれば、違法行為差止請求ができることになります。「著しい損害」が生じるか否かについては、上記の事情を総合考慮して判断されることになりますが、A社の会社財産において、Bが売却しようとしている土地建物の価値が占める割合が大きく、A社の事業活動に看過できない支障が出るおそれがある場合などについては、「著しい損害」が生じるおそれの要件にも該当すると思われます。そのため、このような場合については、違法行為差止請求を行うことが可能となりますので、株主は、Bに対し、違法行為差止請求訴訟を提起し、勝訴判決を得ることで、Bの売却行為を阻止することができます。

2　違法行為差止めの仮処分

違法行為差止請求訴訟を提起しても、当然に対象となる行為を差し止める効力が生じるわけではありません。そのため、取締役が当該行為を強行してしまう危険があります。そして、一旦強行されてしまうと、違法行為差止請求訴訟は訴えの利益を欠くものとして却下されることとなり、取締役による違法な行為を阻止できなくなります。

もっとも、このような事態は、違法行為差止めの仮処分を求め、こ

れを得ておくことで防ぐことができます。そこで、違法行為を阻止したいと考えている株主としては、まずは違法行為差止めの仮処分を求め、これを得ておくことが重要となります。

　違法行為差止めの仮処分命令が発令されるためには、違法行為差止請求権の存在（被保全権利）と、債権者に生じる著しい損害又は急迫の危険を避けるために仮処分命令が必要であること（保全の必要性）を疎明する必要があります。もっとも、そもそも違法行為差止請求権が認められるための要件として、会社に「回復することができない損害」あるいは「著しい損害」が生じるおそれが要求されていますので、被保全権利の疎明があれば、原則として、保全の必要性の疎明も認められることになります（東京地方裁判所商事研究会編『類型別会社訴訟2〔第3版〕』914頁（判例タイムズ社、2011））。

　違法行為差止めの仮処分が発令されるためには、裁判所が求める金額を担保として立てることも必要となります。取締役の違法行為差止仮処分については、金銭上の請求ではないため担保額の決定は難しく、実際に定められた担保の額も事案に応じて様々ですが、当該仮処分が不当と判断された場合に取締役に生ずるおそれがある損害の額、疎明の程度等を総合して、合理的な額が算定されることになります（丹下将克＝佐藤丈宜「新・類型別会社訴訟25　取締役の違法行為差止仮処分をめぐる諸問題」判例タイムズ1518号54頁（2024））。

　以上より、本件の場合、Bによる売却行為を阻止したい株主としては、違法行為差止請求訴訟を提起する前に、裁判所に対し、違法行為差止めの仮処分を求めることになります。この場合、裁判所に、被保全権利の疎明を認めてもらうべく、十分な疎明資料を準備しておくことも重要です。また、裁判所が求める金額の担保を立てることができるよう金銭の準備しておくことも必要となります。

Q56　解散の訴え

Q 私は、Ａ社の発行済株式のうち10分の1を相続により取得したのですが、Ａ社の代表取締役であり、Ａ社の発行済株式のうち10分の8を有するＢは、株主総会を一切開催しようとせず、会社財産で自己名義の高級車や豪邸を購入したり、妻や子を取締役にして多額の役員報酬を支給したりしています。その結果、会社の運転資金が不足し、借入金の返済や取引先への支払も難しくなってきています。そのため、私としては、ＢによってＡ社の会社財産が食い潰されてしまうのは時間の問題だと考え、少しでも会社財産が残っているうちに、会社を解散させ、残余財産の分配を受けたいと思っています。どうすればこれを実現できるのでしょうか。

A 裁判所に対し、会社の解散の訴えを提起することで、会社を解散させ、残余財産の分配を受けることができる可能性があります。

解　説

1　会社の解散の訴え

　総株主の議決権の10分の1以上の議決権を有する株主又は発行済株式の10分の1以上の数の株式を有する株主は、次のいずれかの場合において、やむを得ない事由があるときは、会社の解散の訴えを提起することができるとされています（会社833①）。

　まず、一つ目の場合は、株式会社が業務の執行において著しく困難な状況に至り、当該株式会社に回復することができない損害が生じ、又は生じるおそれがあるときです（会社833①一）。小規模な会社では、

それぞれ発行済株式総数の50％を有する二派の間に深刻な対立があるために、株主総会での過半数による意思決定が困難な状態である、いわゆるデッドロックの状態であれば、これに該当することが多いと考えられています。もっとも、それ以外の会社、あるいは小規模な会社であっても、デッドロックを原因として、会社の運営上必要とされる意思決定を行うことができないなどにより業務そのものが著しく停滞し、かつ、これによって会社に回復困難な損害が生じ、また生ずるおそれがあることが認められない場合については、訴訟上これに該当しないと判断される可能性はあります（小規模な会社でない場合につき、本要件該当性を認めなかった裁判例として、大阪高判令4・3・24金判1668・39）。

　二つ目の場合は、株式会社の財産の管理又は処分が著しく失当で、当該株式会社の存立を危うくするときです（会社833①二）。典型的には、取締役に会社の存立に関わる非行があるが、同人が過半数の議決権を保有するため、その是正が期待できないようなケースがこれに該当することになります。

　さらに、上記いずれかの場合に該当するときであっても、それだけで直ちに解散の訴えを請求できるわけではなく、「やむを得ない事由」があることも必要となります。この「やむを得ない事由」については、多数派株主の不公正かつ利己的な業務執行により、少数派株主がいわれのない不利益を被っており、このような状況を打破する方法として解散以外に公正かつ相当な手段がない場合が、これに当たると解されています。

　小規模な同族企業に関しては、デッドロックの状態が認められれば特段の事情がない限り「やむを得ない事由」が認められるとする見解があります。もっとも、近時の裁判例には、「やむを得ない事由」が認められるためには、デッドロック等を原因として、会社の正常な運営に必要な意思決定ができないために、業務の継続が不可能となり、会社の存続自体が無意味となるほどに達しているときに、会社維持の観

点から解散をしないで別の公正かつ相当な方法でその状況を打破することができないことまで必要であるとするものもあります（東京地判平28・2・1（平25（ワ）17329））。そのため、このような事情が認められない限りは、訴訟上、デッドロックの状態であっても「やむを得ない事由」が認められない可能性はあります。

2 本件について

本件の場合、相談者は、発行済株式のうち10分の1を保有していますので、会社の解散の訴えを提起できるだけの株式の保有が認められます。

また、Bは、株主総会を一切開催しようとせず、会社財産で自己名義の高級車や豪邸を購入したり、妻や子を取締役にして多額の役員報酬を支給したりしており、その結果、会社の運転資金が不足し、借入金の返済や取引先への支払も難しくなってきていますので、株式会社の財産の管理又は処分が著しく失当で、当該株式会社の存立を危うくしていること（会社833①二）も認められると思われます。

もっとも、「やむを得ない事由」があるか否かについては、本件で明らかになっている事情だけでは、会社を解散する以外に株主の正当な利益を保護する方法がないといえるかどうかを判断することは必ずしも容易ではありません。そこで、本件で明らかとはなっていない事情も考慮した結果、取締役の行為の差止め（会社360）や解任の訴え（会社854）など解散以外の手段では、株主の正当な利益を保護することができない場合であれば、「やむを得ない事由」が認められることになります。

以上により、相談者は、裁判所に対し、会社の解散の訴えを提起することで、会社を解散させ、残余財産の分配を受けることができる可能性があります。

Q57　過料を求める方法

Q 私は、A社の株式を相続により取得したのですが、商業登記簿を確認すると取締役の任期が切れ、再任されているにもかかわらず、再任の登記がなされずに放置されていることが分かりました。私は、このようなA社の違法な行為を改めさせたいと思い、代表取締役であるBに対し、再任登記を行うよう求めたのですが、Bは応じようとしません。このような会社の違法な行為を改めさせる方法はないのでしょうか。

A 裁判所に対し、過料に処するよう職権発動を求めることで、是正できる可能性があります。

解　説

　任期満了により退任する取締役を再度選任する株主総会決議がなされた場合、会社は、これに関する変更登記を行う義務があります（会社915①・911③十三）。

　ところが、会社の代表取締役が変更登記手続をとらないために、会社に義務違反が生じていることがあります。

　このような場合、これを是正させたい株主としては、代表取締役に対し、変更登記を行うよう求めることが考えられます。しかしながら、株主には、代表取締役に対し、変更登記を行うよう強制する権限はありません。そのため、代表取締役が株主の請求を無視した場合、訴訟を提起するなどにより変更登記を実現することはできません。

　では、何か変更登記を実現するための手段はないのでしょうか。

　取締役の再任がなされているにもかかわらず、変更登記が行われていない場合、会社法は、100万円以下の過料に処することができる旨を

第6章　非上場株式の換価と権利行使

定めています（会社976一）。

　そこで、株主としては、本店の所在地を管轄する地方裁判所（例えば、大阪地方裁判所が管轄裁判所であれば第4民事部（商事部））に対し、代表取締役を過料に処する職権発動を求めることで、間接的に変更登記を実現することが考えられます。

　裁判所に対し、職権発動を求める方法ですが、株主が裁判所に対し、過料に処すよう求める権限が認められているわけではありませんので、上申書を提出する形で行うことになります。その際には、会社が過料の対象となる行為を行っていることを裏付ける資料も添付します。

　上申書を提出された裁判所が、過料に処するかどうかについては、裁判所の裁量に委ねられますが、十分な添付資料をもって申立てを行えば、裁判所が職権発動を行うことは十分あり得ます。

　以上より、本件の場合、再任に関する変更登記を実現させたい株主としては、商業登記簿、取締役の任期について記載された定款、取締役の再任決議を行った株主総会議事録等、A社が変更登記義務違反を行っていることを基礎付ける資料を添付した上で、A社の本店の所在地を管轄する地方裁判所に対し、上申書により代表取締役Bに対し、過料に処する職権発動を促すことになります。その結果、裁判所がBに対し、過料に処すことは十分あり、このような処分を受けたBが、義務違反状況を解消すべく変更登記手続を行うことが期待できることになります。

　なお、過料の対象となる行為ですが、上記したもののほか、株主総会議事録備置義務違反（会社976八・318②③）やその閲覧拒否（会社976四・318④）、取締役会議事録備置義務違反（会社976八・371①）やその閲覧拒否（会社976四・372②）、取締役や監査役の選任懈怠（会社976二十二）、株主総会における説明義務違反（会社976九）等があります。

　そのため、裁判所に対し、過料に処する職権発動を求めることは、このような違法な行為の是正にも活用することが考えられます。

Q58　訴訟外での和解（株式を買い取る提案があった場合）

Q 私は、非公開会社であるA社の株式を1年前に相続により取得したのですが、A社の代表取締役Bが利益相反取引を行っていることを理由に、A社に対し、当該Bの利益相反取引によって被った損害の賠償を求める訴訟を提起するよう請求しました。すると、A社の側から、私が所有する株式を買い取りたい旨の提案がありました。私としては、A社側から提示された買取金額であれば、株式を手放してもよいと考えているのですが、このような場合において株式を売却する際に、注意しなければならない点として、どのような事項があるのでしょうか。

A 和解案として、株式の買取りが提案された場合、譲渡の態様が会社による自己株式の取得か第三者への売却かによって、株式を譲渡するために必要な手続等や税務上の取扱いが異なってきますので、まずは譲渡の相手方が誰になるかを確認する必要があります。その上で、株式譲渡が有効にできるのかについて、注意する必要があります。また、譲渡の相手方や譲渡時期によっては、税額が大きく異なることもありますので、税務上有利となる相手方や時期に売却できるよう交渉することも重要です。もっとも、A社が株式を取得する場合や、A社以外の者がA社の財産を原資として株式を買い取る場合については、会社法120条1項違反となるおそれがありますので、自己株式の取得等に反対する少数株主がいる場合は注意する必要があります。

> 解　説

1　譲渡の相手方

　少数株主が、役員の責任追及等を行った場合、これを回避すべく会社や役員等から当該株主に対し、株式の買取りの提案がなされることがあります。

　買取りの相手方が、株式の発行会社である場合、会社への株式譲渡は自己株式の取得に該当し、会社は、そのために必要な手続等を行うことになります。これに対し、会社役員や他の株主などの第三者である場合は、譲渡制限株式の譲渡に該当することとなり、会社はそのために必要な手続を行うことになります。

　また、税務上の取扱いについても、発行会社に対する譲渡の場合と、第三者に対する譲渡の場合とで違いが生じ得ます。

　そのため、株式を譲渡する場合、誰に対して譲渡することになるかについて確認しておく必要がありますので、本件の場合もこのことを念頭におくことになります。

2　有効性の確認

（1）　発行会社に譲渡する場合に必要な手続等

　譲渡の相手方が発行会社であり、自己株式の取得に該当する場合、特定の株主から譲渡を受けるためにはあらかじめ株主総会の特別決議を得ておく必要があります（会社156①・160①・309②二・459①一）。なお、当該決議において株式取得の対象とされる株主は、当該株主以外の株主の全部が当該決議において議決権を行使できない場合を除き、当該決議に参加することはできません（会社160④）。また、当該決議に先立ち、会社は、一定期間までに他の株主に対し、売主追加の議案変更請求権を行使できることを通知することも必要となります（会社160②）。

　そして、上記総会決議がなされると、株式取得の対象とされる株主に対し、譲渡価格や譲渡申込期日等の通知がなされますので、通知さ

れた期間内に、株主は譲渡の申込みを行うことになります。

さらに、自己株式の取得の場合、分配可能額を超えない範囲で行うことも要求されます（会社461①二・三）。

（2） 第三者に譲渡する場合

第三者に株式を譲渡する場合、譲渡制限株式の譲渡になりますので、定款に別段の定めがない限り、当該譲渡につき、取締役会設置会社では取締役会の、それ以外の会社では株主総会の、各承認決議が必要になります（会社139①）。

（3） 株式譲渡が有効となることの確認方法

以上のように、株式を発行会社に譲渡する場合、第三者に譲渡する場合のいずれにおいても、適法に譲渡を行うためには、会社法上一定の手続を履践すること等が要求されています。

そのため、株式を譲渡する株主側としては、譲渡する際に、このような手続等が適法に履践されたか否かを確認しておく必要があります。具体的には、株式を譲渡する際には、譲渡契約書等の書面が作成されるのが通常ですので、譲渡契約書等に署名押印する際に、手続上要求されている取締役会あるいは株主総会の決議等がなされたことが記載された議事録の写しの交付を受けるようにします。それだけでなく、契約条項として、株式譲渡が会社法、定款その他関係法令を遵守していることを会社が表明し保証する旨の条項を入れることでも、適法に手続が履践されたことを確認するとともに、表明保証違反の場合には違約金が発生する旨の条項を入れることで表明保証に強い拘束力を持たせるようにします。また、株式譲渡のための手続よりも先行して譲渡契約書等を作成する場合であれば、譲渡のために会社法、定款その他関係法令により必要とされる手続が履践されない場合には、違約金が発生する旨の条項を入れるようにします。

したがって、本件でも、譲渡契約書等の作成の際には、これらを行うことになります。

3 税務上の取扱い

　第三者に対する譲渡によって譲渡益が生じる場合、税務上譲渡所得として取り扱われることとなります。

　これに対し、発行会社に対して譲渡する場合、税務上はみなし配当に該当する金額については、配当所得として、それ以外の金額については譲渡所得として、取り扱われることになります。もっとも、相続により財産を取得して相続税を課税された人が、その相続の開始があった日の翌日からその相続税の申告書の提出期限の翌日以後3年を経過する日までの間に、その相続税の課税の対象となった非上場株式をその発行会社に譲渡した場合において、その譲渡対価の額がその譲渡した非上場株式に係る資本金等の額を超えるときは、その超える部分の金額については、みなし配当課税を行わずに全額を非上場株式の譲渡所得の収入金額とすることができます（租特9の7）。

　なお、第三者、発行会社いずれに対する譲渡でもあっても、相続により財産を取得して相続税を課税された人が、その相続の開始があった日の翌日からその相続税の申告書の提出期限の翌日以後3年を経過する日までの間に、その相続税の課税の対象となった非上場株式を譲渡した場合については、相続税額のうち一定金額を譲渡資産の取得費に加算することができます（租特39）。

　以上のような税務上の取扱いの違いのために、発行会社、第三者のいずれに譲渡するかによって、譲渡の対価が同じでも、株主の手元に残る金額に違いが出てくることがあります。また、相続した株式に関しては、同じ発行会社に対する譲渡であるにもかかわらず、譲渡する時期によっても、税額が異なることがあります。

　誰に対して株式を譲渡するのが株主にとって有利になるかについては、事案ごとに異なってきますので一概にはいえません。そのため、株主側としては、税理士等の専門家に税務上いずれに売却するのが有

利となるかを確認した上で、売却先をどこにするのかを会社側と交渉していくべきです。

本件の場合も、株主は、税理士等の専門家に、売却時期等も考慮して、いずれを買主とするのが税務上有利となるかを確認した上で、有利な方を買主とすることができるよう会社側と交渉していくこととなります。

4　株主の権利の行使に関する利益の供与との関係

会社法120条1項は、株式会社が、株主の権利の行使に関して、財産上の利益の供与をすることは禁止しており（会社120①）、これに違反して財産上の利益の供与がなされたときは、当該利益の供与を受けた者は、これを当該会社に返還しなければならないことになります（会社120③）。

会社が株式譲渡の対価として利益を供与する行為については、株式の譲渡は株主の地位の移転にすぎないのであって、それ自体は「株主の権利の行使」に関するものとはいえないことから、直ちに株主の権利行使に関する利益供与に該当するわけではありません。しかしながら、会社から見て好ましくないと判断される株主が株主の権利を行使することを回避する目的で、当該株主から株式を譲り受けるための対価を供与する場合については、「株主の権利の行使に関し」利益を供与する行為に該当すると解されています（最判平18・4・10民集60・4・1273）。

なお、会社法120条1項が禁止する利益供与は、会社の計算により行われるものに限られますので、取締役その他第三者の個人資産を原資とする場合については、対象にはなりません。

本件の場合、株主が、A社に対し、取締役の責任を追及する訴えの提起を請求している状況で、A社の側から株式買取りの提案がなされているため、A社の側に、当該株主による権利行使を回避する目的が

あることが考えられます。

　そのため、A社が株式を買い取る場合や、A社以外の者がA社の財産を原資として株式を買い取る場合、このような株式取得に反対する少数株主がいれば、当該少数株主によって会社法120条1項違反の主張がなされるおそれがあります。そこで、このような少数株主がいる場合については、会社法120条1項違反が主張される危険性を考慮した上で、A社に株式を譲渡するか否かを判断することになります。

　これに対し、A社以外の者が、自己の個人資産などA社の財産以外を原資として株式の買取りを行う場合については、同法違反は認められませんので、この点が問題となることはありません。

Q59　訴訟上の和解

Q 私は、A社の株主として、取締役Bに対し、A社への賠償を求める株主代表訴訟を弁護士に依頼して提起したところ、当該訴訟手続中に裁判所から、BがA社に対し、請求金額の半額を支払うことを内容とする和解案が提示されました。私としては、請求金額の半額とはいうもののBがA社に対してお金を支払うことになりますので和解を成立させてもよいと考えているのですが、和解を成立させる際に留意すべき点はあるのでしょうか。

A 会社が和解当事者ではない場合、会社の承認がなければ、会社に裁判上の和解の効力が及ばないことになります。また、弁護士費用を会社に対して請求する場合、和解当事者に会社を含めた上で、弁護士費用の支払についての和解条項を設けることで、その費用の回収が容易になります。そのため、これらの点について留意すべきです。さらに、裁判上の和解と併せて別途訴外で株式を売却する等の合意をする場合については、裁判上の和解を成立させる前に、合意内容につき合意書等を作成するよう留意すべきです。

解　説

1　裁判上の和解

　株主代表訴訟において会社が和解当事者（和解の利害関係人を含みます。）ではない場合、当該会社の承認がある場合を除き、裁判上の和解の効力は会社に及ばないことになります（会社850①）。

　もっとも、裁判所は、株主が取締役と和解をするに際し、会社に対

し、和解内容の通知と、和解に異議があれば2週間以内に述べるべき旨の催告を行い（会社850②）、会社が当該期間内に書面等により異議を述べなければ、裁判所が通知した内容による和解を承認したとみなされることになります（会社850③）。そのため、このような場合についても、会社にも和解の効力が及ぶことになります。

　本件の場合も、会社が和解当事者ではないときは、その承認がない限り、裁判上の和解が成立しても、その効力は会社には及ばないことになります。

2　弁護士費用等の請求

　株主代表訴訟を提起した株主が勝訴（一部勝訴を含みます。）した場合、当該株主は、支出した必要費用（訴訟費用は除きます。）、又は弁護士に支払うべき報酬額の範囲内において相当額を会社に対し請求することができます（会社852①）。

　「勝訴した場合」には、株主と取締役との間で裁判上の和解が成立し、取締役が会社に対して損害賠償金等を支払う場合も含まれると解されていることから、このような和解が成立した場合についても、株主は、会社に対し、相当額の支払を請求できることになります。

　また、「必要費用」とは、民事訴訟費用等に関する法律2条に列挙される費用のことであり、申立ての手数料、裁判所が証拠調べや書類の送達その他の手続上の行為をするために必要な給付に相当する金額、当事者等・代理人が期日に出頭するための旅費・日当・宿泊料、訴状その他の書類の作成・提出の費用等が該当することになります。

　さらに、弁護士報酬につき、株主が会社に対して請求できるのは、相当額であることから、実際に弁護士に対して支払い、あるいは支払う予定の金額と必ずしも一致するわけではありません。相当額がいくらになるかについては、勝訴判決によって会社の得た利益の額、訴訟の請求額、当事者の数、訴訟の内容（難易度）、口頭弁論期日の回数、

証拠調べの内容、終局判決に至るまでの期間、提訴前にとった措置等の事情を考慮して判断することになります（東京地判平28・3・28判タ1437・209）。しかしながら、その判断は必ずしも容易ではありません。そのため、和解条項においてこの点につき定めておかないと、弁護士報酬の相当額がいくらになるかについて、会社と争いとなり、和解成立後もなかなか弁護士費用等が支払われないということがあり得ます。そこで、このような危険を避けるためには、株主代表訴訟において裁判上の和解を成立させる際に、あらかじめ会社と交渉を行い、会社も和解当事者に含めた上で、和解条項において、株主に対し、弁護士報酬として会社と合意した金額を支払う旨の条項を設けておくことになります。

以上より、本件の場合も、和解成立前に、会社と交渉を行い、会社を和解当事者に含めた上で、和解条項において、会社が株主に対して、弁護士費用を支払うことやその金額を定めることで、和解成立後円滑にその支払を受けることができるようにしておく方が、望ましいといえます。

3　訴外で別途和解をする場合

株主代表訴訟において裁判上の和解をする際、別途訴外で、当該訴訟を提起した株主の株式を買い取ること等が併せて合意されることがあります。

このような場合については、裁判上の和解を成立させる前に、一定内容の裁判上の和解を成立させることや、当該和解が成立することを条件に、会社等に株式を売却すること等を合意した上で、合意書等の文書を作成し、その後に、裁判上の和解を成立させることになります。

なお、株式を売却する場合の注意点については、Q58をご参照ください。

第7章 経営参加等

○概　説

1　経営参加の意味とその実現方法

　非上場会社では、会社がそもそも株主に対して利益を還元する意向がないことや非上場株式の配当は節税効果が薄いこと等から配当があまり望めない場合が多いため、相続等で株式を取得しても、役員として会社の経営に参加して役員報酬を得ていなければ、わずかな配当しか得ることができないなど、株式を保有しているメリットが少ないことになります。また、経営に参加していなければ、支配株主側の利益のみのために会社経営が行われ、会社財産が棄損されることを阻止することも難しく、保有している株式の価値を下げられてしまう危険もあります。

　そこで、株式を保有しているメリットを得るためや、会社財産の棄損を防止するためには、安定的に経営参加することが重要となるところ、そのための方法としては、株主間契約、種類株式、属人的定めを利用することが考えられます。

　もっとも、いずれの方法も、支配株主側の同意が必要となることから、少数株主にとって、これを実現することは、必ずしも容易ではありません。そのため、時には**第6章概説「3　権利行使と和解」**で述べた株主の権利行使を行い、それに伴う話合いの中で、以上のような経営参加のための方法を実現させることもあります。

2　株主間契約

（1）　意義・機能

　株主間契約とは、ある会社における複数の株主が、会社の運営の在

り方等について合意を行うことをいいます。

　株主間契約が用いられる典型的場面としては、複数の会社が新たに合弁会社を設立して、その会社間（株主間）で合弁会社の運営等について必要な取決めを行う場合や既存の会社に出資を行うことに伴い、既存株主との間で会社の運営等について必要な取決めを行う場合が挙げられます。

　もっとも、相続等で株式を保有している場合においても、①役員選任権の確保、②経営の監視、③役員報酬・配当の取得、④将来的な経営権の確保といった場面において、株主間契約を用いることができます。

　そこで、Q60では①役員選任権の確保の場面における、Q61では②経営の監視の場面における、Q62では③役員報酬・配当の取得の場面における、Q63では④将来的な経営権の確保における、各株主間契約の活用方法について記載しています。

（2）　合意の有効期間の問題

　判例上、当事者の合理的意思解釈の観点から、株主間契約の有効期間に一定の制限をかけるものがあります（東京高判平12・5・30判時1750・169、東京高判令2・1・22金判1592・8）。これらの判例は、合意の内容や合意当事者が当時置かれていた状況等の諸事情から、合意の有効期間を一定の期間（例えば10年）に制限し、あるいは一定の事象（例えば相続）が生じた場合には消滅する合意であると解釈したものです。

　そのため、株主間契約に関しては、合意の有効期間に一定の制限が加えられる場合があり得ることに留意する必要があります。

　合意の有効期間に制限が加えられないようにするためには、少なくとも①当事者を拘束する合意の内容が一義的に明確になるような条項を用い、これを文書で締結することはもとより、②合意の有効期間に関して、例えば有効期間を明示し、かつ相続が発生した場合であって

も合意の効力は消滅しない旨を明確化することが考えられます。しかしながら、このような措置をとったとしても、その有効期間が長期に及ぶものであれば株主権の行使に過度な制限を加えるものとして一定の制限が加えられる危険は残りますので注意が必要です。

（3） 実効性確保の手段の問題

株主間契約には、他にも実効性確保をどのように図ることができるかという問題もあります。

裁判例では、株主間契約における当事者が議決権を行使してはならない不作為義務を負うといえる場合でも、他方当事者による差止請求まで認められるか否かについては別途論点として扱われています（名古屋地決平19・11・12金判1319・50、前掲東京高判令2・1・22）。また、差止めのほか株主間契約に沿わない議決権行使により成立した株主総会決議について株主総会決議取消判決まで認められるかという点も同様の議論があり、実効性確保の手段の問題があり得ることにも留意が必要です。

実効性確保の手段については、Q64で詳細に述べていますので、こちらをご参照ください。

3 種類株式・属人的定め

（1） 意義・機能

種類株式を用いることで株主間契約と同様の効果をもたらすこともできます。例えば、役員選任権付種類株式を利用することにより役員選任権の確保を行うことができますし、拒否権付種類株式を利用することで重要事項に関する決定権を保持し、放漫経営の防止（経営に関する監督）を図ることも可能です。また、役員選任権付株式や配当優先株式を用いることで役員報酬・配当の取得を確保することもできます。

そこで、種類株式を用いた①役員選任権の確保についてはQ60で、②経営の監視についてはQ61で、③役員報酬・配当の取得についてはQ62でそれぞれ述べています。種類株式については、株主の側から会社に対し、買取りを請求することができる取得請求権付株式を相続等の場面において利用することも考えられますので、この点についてはQ65で述べています。

さらに、種類株式以外にも属人的定め（会社109②）を用いることにより、種類株式の発行を受けたのと同様の効果をもたらすこともできます。

そこで、属人的定めを用いた①役員選任権の確保についてはQ60で、②経営の監視についてはQ61で、それぞれ述べています。

（2）　種類株式・属人的定めを用いるための手続

種類株式を発行する場合、既に定款に定めのある場合を除き、株主総会の特別決議による定款変更を行う必要があります（会社466・309②十一）。その上で、第三者割当てによる当該種類株式の発行手続もとる必要があります。

また、一部株主が所有している株式の権利内容を変更する形で種類株式を取得させる場合については、既に定款に定めのある場合を除き、株主総会の特別決議による定款変更を行うことに加え、①内容変更に応じる株主と会社との合意、②内容変更に応じる株主と同一の種類に属する他の株主の同意、③その他の種類株式の株主全員の同意が必要となります。もっとも、③の要件については、損害を受けるおそれのある種類株式の種類株主総会の特別決議で足りるという見解や損害を受けるおそれのある種類株式の株主全員の同意で足りるという見解もありますので、当該要件については変更登記申請予定の法務局にあらかじめ問い合わせを行って確認しておくとよいでしょう。

一方、属人的定めを導入する場合についても、定款にてこれを設け

る必要があります。そして、定款において新設又は変更するためには、株主総会の特殊決議が必要となります（会社309④）。

4　株主間契約と種類株式・属人的定めの違い

　上記2(2)で述べたように、株主間契約では、有効期間の問題が生じますが、種類株式や属人的定めについては、このような問題は生じません（ただし、属人的定めについては、株主の変更により新株主の効力が及ばない可能性はあります。）。また、株主間契約では、上記2(3)で述べたように実効性確保の問題が生じますが、種類株式や属人的定めについては、会社との関係でも効力を有するため、株主間契約のような問題は生じません。

　しかしながら、当事者間の合意で成立させることができる株主間契約に比べ、種類株式・属人的定めについては、その導入には、会社法上一定の手続を履践することが求められることになります。また、株主間契約では、契約の相手方の同意を得るだけで契約を締結することができますが、種類株式・属人的定めの方法を用いる場合は、これらの導入に賛成している株主の他に株主がいる場合、これらの株主の同意を必要となることがあり得る点でも異なります。

　そのため、株主間契約と種類株式・属人的定めのいずれを用いるかについては、以上の点を考慮して判断することになります。

　なお、種類株式の導入、属人的定めの導入方法及びそれぞれの比較については、加藤真朗編『株主管理・少数株主対策ハンドブック―会社内部紛争の予防、事業承継・M＆Aへの備え方―』269頁以下（日本加除出版、2022）をご参照ください。

Q60　役員選任権の確保

Q 私（A）は、父からの相続により非公開会社であるB社の株式の30％を取得しました。残りの70％は私の叔父であるCが保有しています。なお、B社では取締役の員数について定款では３名以上との定めがされています。

CはB社を経営しているのですが、この度CがB社のお金を使い込んでいることが分かったため、私は株主として、Cに対し責任追及を行うことを検討していました。

しかしながら、親族である叔父と対立関係になり、会社を混乱状態にすることは本望ではありませんので、私がB社の取締役に就任し、Cを監視監督できるのであれば、差し当たりCに対する責任追及は控えようと考えています。

B社の定款上、取締役を選任又は解任する株主総会決議は議決権の過半数を有する株主が出席し、出席した株主の議決権の過半数をもって行うとされていますが、私の持株比率は30％であるため現状では私がB社の取締役に就任することは困難です。

そこで、私がB社の取締役に就任するために役員選任権を確保する方法を知りたいのですが、どのようにすればよいのでしょうか。

A Cとの間で役員選任権を内容とする株主間契約を締結する方法や会社から役員選任権付種類株式の交付を受ける方法、属人的定めを利用して自らが取締役に選任され、自身の意思に反して解任されないようにすることが考えられます。

解　説

1　株主間契約

　株主間契約とは、会社の運営のあり方等について複数の株主間で締結される契約のことをいいます。

　株主間契約が用いられる場面としては、複数の会社が新たに合弁会社を設立して、その会社間（株主間）で合弁会社の運営等について必要な取決めを行う場合に多く用いられていますが、これに限らず、会社の支配権や閉鎖性の維持や議決権行使に制約を設ける目的で株主間契約が用いられる場合もあります。

　定款変更を行い議決権行使に制約を設ける制度設計をとることも可能ですが、議決権割合が低く定款変更に当たって必要な株主総会特別決議の要件を満たさない場合には、強行法規違反あるいは会社の根本規範としての定款の性質にそぐわないとして内容次第では無効となる場合があります（江頭憲治郎『株式会社法〔第9版〕』79頁（有斐閣、2024））。

　他方、株主間契約では、特別決議のような会社法所定の手続を経ることなく、持株比率にかかわらず議決権行使を拘束するような合意をすることが可能となり、また定款で定めた場合には無効となるような合意であっても、株主間契約を用いることで有効に目的を達成することが可能となります。

　そのため、本件の場合も、AがB社の取締役に就任することを確保するための方法として、Cとの間で取締役選任議案等に関し議決権の行使を拘束する内容の契約を締結して、自身が取締役に選任され、自身の意思に反して解任されないようにすることが考えられます。具体的には、下記の条項例のような文言が記載された株主間契約を締結することが考えられます。

【条項例】

> 第○条（取締役の選任及び解任）
> 1 A及びCは、B社の株主総会において選任される取締役につき、Aが1名を指名し、Cが2名を指名する。
> 2 A及びCは、前項に基づき、相手方が指名した者が取締役に選任されるよう、B社の株主総会において、その議決権を行使するものとする。
> 3 A及びCは、Aが指名した取締役についてはAのみが、Cが指名した取締役についてはCのみが、当該取締役の解任に関する決定を行うことができるものとする。
> 4 A及びCは、前項に基づき、A又はCが行った決定のとおりにB社の株主総会において、その議決権を行使するものとする。

2 役員選任権付株式

　会社法は、一定の事項について権利内容等の異なる株式の発行を定めており（会社108①）、全株式譲渡制限会社において、その種類の株式の種類株主を構成員とする種類株主総会の決議だけで、取締役、監査役を選任できる株式の発行を認めています（会社108①九）。このような種類株式については、役員選任権付種類株式と呼ばれています。

　そのため、本件でも、Aは、自己の所有株式を役員選任権付種類株式に転換する、あるいはB社からAのみが役員選任権付種類株式の交付を受ける方法により、自己の役員選任権を保持することが考えられます。

　なお、本章概説でも述べたように、上記のような種類株式を導入するためには株主総会特別決議により定款変更を行う必要があります（会社309②十一）。そして、本件の場合における定款変更例としては、以下のようなものが考えられます。

【定款記載例】

第○条（A種類株主総会の決議あることを必要とする事項）
　A種類株式を有する株主を構成員とする種類株主総会において、取締役1名を選任する。

3　属人的定めの利用

　非公開会社においては、属人的定めにより、株主ごとに議決権等に関する内容について異なる取扱いを行う旨を定めることができます（会社109②）。具体的には、特定の株主に、株主総会において所有株式数以上の議決権を付与して決定権限を与えるために、属人的定めにより、特定の株主に、1株につき複数の議決権を付与することもできることになります。

　属人的定めを定款において新設又は変更するためには、株主総会特殊決議が必要となるところ、その決議要件は総株主の半数（頭数。定款で引下げが可能。）以上で、かつ当該株主の4分の3（定款で引上げが可能）以上に当たる多数をもって行う必要があります（会社309④）。

　そこで、本件においても、B社は非公開会社であることから、役員の選任に関し、下記の定款記載例のように、1株につき、Aのみで取締役を選任できるだけの複数議決権を付与する属人的定めを設けることで、自らが確実に取締役に就任することができるようにすることが考えられます。

【定款記載例】

第○条（議決権）
　当社の株主は、株主総会において、その有する株式1株につき1個の議決権を有する。ただし、株主Aは、B社の取締役選任議案について、その有する株式1株につき10個の議決権を有する。

ただし、上記のような属人的定めでは、Cが選任したいと考える取締役につき、Aの賛成なしに選任することができないことになってしまいます。そのため、このような属人的定めを設ける定款変更にCが応じず、属人的定めを設ける定款変更の株主総会の決議要件を充足しないことにより、Aのみで取締役を選任できるだけの複数議決権を付与する属人的定めを設けることができない可能性があります。

そこで、例えば上記属人的定めを設ける代わりに、Cの株式を剰余金配当優先株式に転換する、あるいはB社からAのみが剰余金配当優先株式の交付を受けることを交渉することが考えられます。なお、その際には株主総会特別決議により定款変更を行う必要があります（会社309②十一）。

Q61　経営の監視

Q 私（A）は、父からの相続によりB社の株式を20％保有しています。残りの80％は私の叔父であるCが保有しており、CがB社を経営しています。なお、B社は非公開会社で取締役会設置会社であり、Cのほか2名が取締役に就任しており、Cが代表取締役となっています。C以外の2名の取締役と私とは特に交流がなく、どういった人物であるのかよく知りません。

この度、Cが取締役会の決議を経てB社の事業に不可欠な財産を処分してしまったことが分かりました。

私は、今後同じようなことが起こらないように、CがB社の経営に重大な影響を与える行為をしようとする場合に、これを阻止できるようにしたいと考えています。

どのような方法があるのでしょうか。

A Cとの間で経営上重要な一定の事項に関し、Aの承諾を必要とする内容の株主間契約を締結する方法や拒否権付種類株式の発行を受ける方法が考えられます。

解説

1　拒否権条項を含む株主間契約の締結

取締役会設置会社では、会社法又は定款に定められた重要事項については株主総会決議により決定し（会社295②）、その他重要な業務執行については取締役会決議により決定します（会社362④）。そのため、会社法のルールに従うと、業務執行には取締役を複数指名している多数

派株主の意向が反映され、少数株主の意向は十分には反映されません。このような場合に、少数株主の意向を反映させる方法としては、一定の重要事項の決定については、事前に少数株主の承諾を得ておくことを条件とする、いわゆる拒否権条項を含む株主間契約を締結することが考えられます。

　本件でも、Aは発行済株式総数を20％しか有しない少数株主であって、株主総会決議事項に関しても多数派であるCの賛成により決議が成立してしまうこととなるため、株主総会による監視監督を図ることは困難です。また、その他重要な業務執行についてもA自身取締役ではなく、C以外のB社取締役と交流がないことから、取締役会による監視監督を図ることができません。

　そのため、Aとしては、一定の重要事項の決定に関して、Cとの間で、自らの事前の承諾を条件とする株主間契約を締結することで、Aの意思を無視して一定の重要事項の決定を行うことを禁止することが考えられます。

　株主間契約において対象とする重要事項としては様々なものが考えられますが、本件の場合については次のようなものを定めておくことが考えられます。

① 定款、取締役会規程等の改廃
② 重要な業務上の提携、M＆A
③ 株式の取得・処分
④ 財産の価額が一定金額以上の財産の取得・処分
　なお、一定金額については具体的な金額を株主間契約において定めておくべきです。
⑤ 子会社の設立
⑥ 株主・関連会社との契約等
⑦ 事業計画・年間予算の承認又は変更

⑧　重要な契約の締結、変更又は解除
⑨　新規事業の開始、既存事業の廃止
⑩　高額な借入れ、社債の発行、債務保証
⑪　訴訟提起、訴訟の和解等
⑫　重要な役職員の処分　など

　なお、対象となる具体的な役職を株主間契約において定めておくべきです。

2　拒否権付種類株式の利用

　会社法は、株主総会・取締役会において決議すべき事項のうち、当該決議のほか、当該種類株式の種類株主総会の決議があることを必要とする株式を発行することも認めており（会社108①八）、このような種類株式については、拒否権付種類株式と呼ばれています。

　拒否権付種類株式については、黄金株とも呼ばれており、代表取締役の選定や解職、取締役の選任や解任、株式の発行、重要財産の譲受け、合併等の事項を、当該種類株主総会の決議の対象とすることができます。

　なお、定款においてはこのような事項について当該種類株主総会の決議があることを必要とすること及び当該種類株主総会の決議を必要とする条件を定める必要があります（会社108②ハイロ）。

　そこで、本件でも、AがB社からこのような種類株式の発行を受け、一定の重要事項の決定について自らのみが属する種類株主総会の決議が必要となるようにすることで、一定の重要事項の決定をAの承諾なく行うことをできなくすることが考えられます。

　ただし、拒否権付種類株式は非常に強力な株式であることから、当該株式の発行をCに認めさせることは、困難であることが多いと思われます。

3　属人的定めの利用

　非公開会社では、属人的定めにより、株主ごとに議決権等に関する内容について異なる取扱いを行う旨を定めることができます（会社109②）。そのため、株主総会の承認決議が必要な重要事項の決定につき、特定の株主に、1株につき複数の議決権を付与することで、当該株主の同意なくして決議できなくすることが可能です。

　そこで、本件の場合も、B社は非公開会社であることから、株主総会の承認決議が必要となる重要事項の決定に関し、1株につき、Aのみでその承認を拒否できるだけの複数議決権を付与する属人的定めを設けることで、Aの意思に反する重要事項の決定をできなくすることが考えられます。

　もっとも、この方法をとる場合、Aの意思が影響を及ぼすことができるのは、あくまで株主総会決議の対象となっている事項となります。そのため、その対象となっていない重要事項についてもAの意思を及ぼすためには、定款変更により、株主総会の承認決議を必要とする対象にしておくことが必要となります。

Q62　役員報酬・配当の取得

Q 私（A）の父は、先日死亡し、相続が発生したところ、B社の発行済株式全てが相続財産に含まれるかどうかが問題となっています。私は生前父からB社の株式について全て父の株式であると聞いていましたが、叔父であるCは発行済株式総数のうち20％は父の株式であることを認めつつも、残り80％についてはCの株式であるとして譲らず、現在、私とCとの間では株主権の所在をめぐって争いが生じています。

　こうした中、Cから、私に対して、今後B社から継続的に一定の金銭的な給付を行うので、B社の発行済株式総数の80％についてはCが株主権を有することを認めるという内容の和解を締結できないかという打診を受けました。

　継続的に金銭的な給付を受けられるのであれば、残り80％についてはCに株主権があることを認める和解をしても構わないと考えています。

　こうした解決を行う場合にはどのような方法、留意点があるのでしょうか。

A 継続的に金銭的給付を受ける方法としては、役員報酬、配当及び顧問料等が考えられます。そして、これらの給付を確実に受けることができるようにするためには、役員選任権及び役員報酬に関する株主間契約を締結する方法や役員選任権付種類株式を取得する方法、配当議案に関して株主間契約を締結する方法、配当優先株式を取得する方法、及びB社と業務委託契約書を締結するなどして顧問・相談役に就任し、顧問料等を得る方法があります。

解説

1　報酬受領権の確保

（1）　報酬受領権の確保の方法

　特定の株主が会社から継続的に経済的利益を受ける方法としては、役員に就任し、役員報酬を得ることが考えられます。そのためには、①自身の役員としての地位を確保するために再任されなかったり解任されるおそれを防止すること、及び②一定の報酬額を確保することが重要となります。

　このうち、役員としての地位を確保することについて、株主間契約において、株主総会における特定の株主の取締役選任議案に対し、賛成する旨の議決権を行使すること等を義務付ける株主間契約を締結することが考えられます（なお、役員としての地位を確保する方法については、株主間契約の締結だけでなく、役員選任権付種類株式の発行等の他の方法も、Q60で解説していますので、そちらもご参照ください。）。

　一方、一定の報酬額を確保する方法ですが、会社法では、取締役の報酬に関し株主総会において決定することとされています（会社361①）。そのため、一定金額の取締役報酬金額を保障する条項とともに、株主総会において当該金額を内容とする取締役に係る報酬議案に対する議決権の行使につき、賛成の意思表示を義務付ける旨の条項を定めた株主間契約を締結することが考えられます。

　以上より、本件でも、Aが継続的に役員報酬を受け取ることができるようにするために、①Aは取締役の1名を指名することができること、②株主総会では、Aが指名する者に対する取締役選任議案について、賛成する旨の議決権を行使すること、③一定金額の取締役に係る役員報酬をAに対して支払うことをCは保証すること、④当該金額を

内容とするAの取締役報酬議案についてCは賛成する旨の議決権を行使すること等を定めた株主間契約を、AC間で締結することが考えられます。そして、この場合の条項例としては以下のようなものが考えられます。なお、報酬額に関する条項については、以下の条項例のように確定金額を定めるのではなく、最低金額を定める方法やCと同額の報酬を受領することができる旨の条項にするなどの方法も考えられます。

【条項例】

第○条（取締役の選任及び解任）
1　A及びCは、B社の株主総会において選任される取締役につき、Aが1名を指名し、Cが1名を指名する。
2　A及びCは、前項に基づき、相手方が指名した者が取締役に選任されるよう、B社の株主総会において、その議決権を行使するものとする。
3　A及びCは、Aが指名した取締役についてはAのみが、Cが指名した取締役についてはCのみが、当該取締役の解任に関する決定を行うことができるものとする。

第○条（報酬）
1　Cは、第○条第1項の規定に従ってAが指名し、選任された取締役について月額○万円の役員報酬を保障する。
2　Cは、B社から第1項の規定に従った役員報酬が支給されるよう、B社の株主総会において、その議決権を行使するものとする。

(2)　留意点

報酬受領権に関する株主間契約については議決権の行使に過度の制限を加えるものとして、当事者の合理的意思解釈を行い、その有効期間に制限を加えるものがあります（東京高判平12・5・30判時1750・169、東京高判令2・1・22金判1592・8）。

そのため、本件において株主間契約を締結する場合においても、有

効期間が制限される可能性があることに留意してください。

　この点、株主間契約において、相続が生じた場合でも引き続き効力を有する旨を明示したり、有効期間をあらかじめ明示するなど、条項を一義的・明確にすることで、株主間契約の有効期間が制限されることを防止できる可能性はあります。しかしながら、条項を一義的・明確にしたとしても、その有効期間が長期に及ぶことにより株主権の行使に過度な制限を加えるものとして一定の制限が加えられる危険性は残ります。

2　配当受領権の確保

　特定の株主が会社から継続的に経済的利益を受ける方法としては、会社から継続的に剰余金の配当を受けることも考えられます。そのために、会社をして継続的に配当金を支給させる旨を約する株主間契約を締結することが考えられます。この場合、配当を行うためには原則として株主総会決議が必要であるため（会社454①）、株主総会において約定に従った議決権の行使を株主間契約で義務付けることが必要となります。

　また、会社から継続的に配当を受けるための方法としては、配当優先株式の交付を受けることも考えられます。

　なお、配当を受ける形で会社から継続的に経済的利益を受ける場合、分配可能額の範囲内で行わなければならないことから（会社461①八）、株主間契約の締結や配当優先株式の発行を受けていたとしても、この点から配当を受け取ることができないことがあります。役員報酬を受け取る方法とはこの点で大きく違ってきますので注意してください。

　以上より、本件の場合も、Aが継続的にB社から配当金を受け取る方法としては、AC間において、Aが毎事業年度に1株当たり一定金額の配当を受けることができることをCが保障するとともに、Aが当該

第 7 章　経営参加等　　　269

配当金を受け取ることができるようＣが株主総会において議決権を行使する旨を定めた株主間契約を締結することが考えられます。その場合の条項例については以下のとおりです。

【条項例】

> 第○条（配当受領権）
> 1　Ｃは、ＡがＢ社から毎事業年度に1回、1株当たり金○円の配当を受けることができることを保障する。
> 2　Ｃは、Ｂ社から第1項の規定に従った配当が給付されるよう、Ｂ社の株主総会において、その議決権を行使するものとする。

また、Ａが継続的にＢ社から配当金を受け取る方法として、Ｂ社が配当を行う際には、Ｃの有する普通株式に先立ち、1株当たり一定金額の配当を受け取ることができる配当優先株式をＡに発行することも考えられます。なお、この場合、株主総会の特別決議にて、定款変更を行って、上記のような配当優先株式を発行できるようにする必要がありますが、定款変更例としては、以下のものが考えられます。

【定款記載例】

> 第○条（優先配当）
> 　当会社は、剰余金の配当をするときは（配当財産の種類を問わない。）、当該配当の基準日の最終の株主名簿に記載又は記録されたＡ種優先株式を有する株主（以下「Ａ種優先株主」という。）又はＡ種優先株式の登録株式質権者（以下「Ａ種優先登録株式質権者」という。）に対し、同日の最終の株主名簿に記載又は記録された普通株式を有する株主（以下「普通株主」という。）又は普通株式の登録株式質権者（以下「普通登録株式質権者」という。）に先立ち、Ａ種優先株式1株につき、Ａ種優先株式の発行価額（金1,000円）に対し、下記のＡ種優先配当年率に基づき、当該基準日が属する事業年度の初日（同日を含む。）から当該配当の基準日（同日を含む。）までの期間につき月割計算（ただし、1か月未満の期間については年365日の日割計算）により算出される額の配当（以下「Ａ種優先

配当」という。）をする。ただし、既に当該事業年度に属する日を基準日とするA種優先配当をしたときは、かかるA種優先配当の累積額を控除した額とする。

（棚橋元「会社法の下における種類株式の実務〔上〕」商事法務1765号25頁以下（2021））

3 その他の方法

　会社から継続的に経済的利益を受ける方法としては、会社と雇用や業務委託等の契約を締結して顧問や相談役として継続的に顧問料などを取得することも考えられます。

　ただ、会社の代表取締役が変更する場合にはさることながら、変更しない場合であっても雇用契約ないし業務委託契約が終了し、顧問料等を得られなくなる可能性はあります。

　本件の場合も、Aは、B社と顧問契約、業務委託契約を締結し、顧問料の支払を受けることで、継続的に経済的利益を得ることができることになります。

　なお、A以外にも少数株主が存在する場合には、Aに対する利益供与として責任追及されるおそれがある点に留意する必要があります。

Q63　将来的な経営権の確保

Q 先日、私（A）の父が死亡し相続が発生しました。私は生前父からB社の株式について全て父の株式であると聞いていましたが、叔父であるCは発行済株式総数のうち20％は父の株式であることを認めつつも、残り80％についてはCの株式であるとして譲らず、現在、私とCとの間では株主権の所在をめぐって争いが生じています。なお、現在はCがB社を経営しています。

この度、私は、Cから自分には子どもがいないので将来的に経営権を譲ろうと考えている、ただ生活のこともあるので今後5年の猶予期間を与えてほしい、これを認めてもらえるのであれば、株も譲渡すると言われました。私も将来経営権を譲ってもらえるのであれば、Cと争いを継続する必要もないだろうと考えていますが、私が将来的に経営権を譲り受けるためにはどのようにすればよいのでしょうか。

A Cとの間で将来においてAの意思によりCが保有するB社の株式を買い取ることができる旨を定めた株主間契約を締結する方法が考えられます。

解説

一定の期日又は一定の事由が生じた場合に、あらかじめ決められた数量を、あらかじめ決められた金額で「買う権利」のことをコールオプションなどといい、株主間契約においてこのような「買う権利」を定めることができます。

そのため、支配株主と少数株主の間で、一定期間経過後に少数株主は、支配株主が保有する株式全てを買い取ることができる旨等を定めた株主間契約を締結することで、一定期間までは支配株主に引き続き会社の経営を認めるものの、当該期間経過後には、少数株主に経営権を譲渡させることができることになります。

　このような「買う権利」を株主間契約で定めるに当たっては買取価格又はその算定方法をあらかじめ明確に定めておくことが重要となります。

　具体的な算定方法としては、譲渡時点の簿価純資産や財産評価基本通達等に基づき算定することが考えられます。

　また、株式を承継するまでに会社の重要な財産を処分されるといったリスクを防ぐために、重要事項の決定に当たっては少数株主が関与できる旨の条項も併せて定めておくべきです（なお、その方法についてはQ61で詳細に述べていますので、そちらをご参照ください。）。

　本件の場合、Cは5年の期間が経過した後に、保有しているB社の株式全てをAに譲渡することに同意していますので、AC間で、5年が経過した後は、Aの意思によりいつでもCの株式を買い取ることができる旨及びその買取価格ないし算定方法を定めた株主間契約を締結することが考えられます。条項例は、次のようになります。

【株主間合意の条項例】

1　Aは、令和○年○月○日以降、Cに対し書面で通知することにより、Cが保有するB社の株式の全てを買い取ることができるものとする。
2　前項に基づく株式買取における買取価格は1株当たり○万円とする。

Q64　株主間契約の実効性の確保

Q 私（A）とB社の現経営者である叔父Cとの間で株式の帰属に関して争いが生じていました。この度Cから、私を必ずB社の取締役に就任させ、役員報酬を支払うことができるようにする株主間契約を締結するので和解できないかという話があり、私としても、Cの申出に応じても構わないと思っているのですが、Cが株主間契約で定められている約束を履行するかどうかについては、不安があります。

Cの履行を確保するためにはどうしたらよいのでしょうか。

A 株主間契約に基づき、履行強制や差止請求ができるよう、契約を締結する際には、契約書等の書面において、合意内容を一義的に明確にするとともに、履行強制や差止請求を行うことが可能であることを明記すべきです。このような措置を講じていても履行強制や差止請求が認められない可能性がありますので、違約金条項を設けてCに対して事実上の履行強制力をもたせるべきです。また、場合によっては、売渡強制条項を設けることも考えられます。

解　説

1　履行強制等の問題

伝統的な見解は、株主間契約の中でも特に議決権の行使を拘束する契約について、その契約が有効であるとしても当事者間の債権的な拘束関係を生じさせるにとどまり、議決権の行使は株主自身の意思でなされるべきであるとして履行強制はできないとしていましたが、近時

では履行強制を認める見解も有力となっていると思われます。

　東京高裁令和2年1月22日判決（金判1592・8）は、その内容、方針、意図から法的効力を発生させる意思が明確に認定できる株主間契約については契約に沿った議決権行使の履行を強制する内容の裁判（判決・仮処分命令）をすることが可能であり、また発行済株式の全部を株主間契約の当事者が保有している場合に限って、株主間契約に違反した議決権が行使された場合には定款違反があった場合に準じて株主総会決議取消事由となるとの一般的見解を示した上で、事実認定の問題で当該裁判例における株主間契約は何らかの法的効力を付与する意思があったという事実は認定し難いとして、そもそも法的効力がないとしました。

　また、名古屋地裁平成19年11月12日決定（金判1319・50）は、株主間において第三者への株式譲渡を行わない旨の合意に基づき、株主総会における賛成の議決権行使の差止めを求めた事案について、議決権行使を禁止する合意が存在したとまでは認められないと判示しましたが、傍論において差止請求が認められる可能性があることを認めています。

　以上の裁判例をふまえると、契約条項の中で履行強制や差止請求が可能であることが明示されている場合については、裁判上これを求める他、株主間契約に違反した議決権行使があった場合には当該議決権行使がされた株主総会決議の取消訴訟を提起することができる可能性はあります。

　それゆえ、株主間契約において、履行強制や差止請求を行うことができるよう、契約書等により書面化しておくことに加え、合意の内容が一義的に明確になるようにするとともに、履行強制や差止請求を行うことが可能であることを明記しておくべきです。

2　違約金、売渡強制による実効性確保

前項で述べたように、株主間契約に基づく履行強制や差止請求については、認められない可能性がありますので他にも実効性確保のための手段を講じておく必要があります。

その一つとして、株主間契約において合意された内容の不履行があった場合に、一定金額の違約金を支払う旨の違約金条項を定めておくことが考えられます。

また、不履行があることを条件に、不履行者の所有株式全てを買い取ることができる旨の売渡強制条項を定めておくことも、実効性確保の手段として考えられますが、株式の価格の算定方法について当事者間で争いとなる可能性がありまた株式を買い取る者が買取資金を準備できるかという点が問題となります。

3　本件について

以上より、本件の場合も、Cによる株主間契約の履行を確保するために、株主間契約に基づく履行強制や差止請求ができるよう、契約内容を契約書等により書面化し、そこで合意内容を一義的に明確にするとともに、履行強制や差止請求を行うことが可能であることも明記しておくことになります。

また、このような措置を講じていたとしても、履行強制や差止請求が認められない可能性は残りますので、違約金条項、売渡強制条項を株主間契約において定めておくことが望ましいといえます。

Q65 取得請求権付株式

Q 父の相続が発生し、私（A）と兄Bが相続人です。父は生前非上場会社C社を経営しており、当該会社の株式を100％保有していました。

BはX社の株式を取得することを希望していますが、私としては相続分に応じたX社株式を取得することを希望しています。ただ、私の子は既に独立しており、X社の経営に興味がないようであるため、子の代では換金できるようにしたいと考えています。Bにこのような意向を伝えたところ、Bが代表取締役としてX社の経営を行うことを認めてくれるのであれば、私の意向を最大限反映させる解決を考えたいと言ってもらえました。

どのようにしたらよいのでしょうか。

A Aが相続により取得する株式を取得請求権付株式に転換し、時期を見計らって会社に対して保有する株式の買取りを請求することが考えられます。

解説

1 取得請求権付株式とは

会社法では、株主が会社に対して株式の取得を請求することができる権利が附帯された株式を発行することを認めています（会社108①五）。

取得請求権付株式を発行するためには、定款に取得請求ができる旨や株式の取得に対する対価となる財産の内容や数、額又はこれらの算定方法、取得請求権を行使することができる期間、発行可能株式総数

を定める必要があります（会社108②五・107②二）。

　株主はかかる株式の発行を受け、あるいは自身の有する株式について取得請求権付株式への転換を受けることにより、会社に対して保有する株式の買取りを請求することができます。

　本件ではAとBがC社株式を100％保有することから特に問題はありませんが、他の株主が存在する事案の場合には、定款変更に当たり特別決議を要すること、及び既存の株式について種類株式へ転換する場合には基本的には転換を受ける株主以外の株主の全員の同意が必要であることに注意が必要です。

　なお、取得請求権付株式への転換あるいは同株式の発行を受ける他には株主間契約において将来の時点でAの子が保有するC社株式を買い取ることができる旨を定めることが考えられますが（Q63参照）、相続が生じた場合には消滅する合意であると解される余地があるため（東京高判平12・5・30判時1750・169、東京高判令2・1・22金判1592・8）、取得請求権付株式の発行ないし転換によることをおすすめします。

2　本件の場合

　本件では、Aの子の代では売却換価したいとのことですので、取得請求権付株式に転換することが考えられます。

　本件の事案では、取得請求権付株式に転換されていれば、Aに相続が発生しても、取得請求権付株式を相続したAの子が、会社に権利行使を行い、売却換価を図ることができますので、取得請求権付株式への転換を行うようにBと交渉することが考えられます。

　ただし、次の2点については注意が必要です。

　1点目として、取得請求権株式は、対価の額又は算定方法についてあらかじめ定めておく必要があり、会社の将来成長が取得価格に反映されるように、対価の額又は算定方法を慎重に定める必要があります。

2点目として、対価の額が分配可能額を超過している場合には取得請求権は行使できないという点のリスクがあり（会社166①ただし書）、いつでも自由に行使できるとは限らないという点には注意が必要です。

判例年次索引

月日	裁判所名	出典等	ページ
【昭和4年】			
6.22	大審院	民集8・618	144
【昭和11年】			
6.17	大審院	民集15・1246	144
【昭和30年】			
7. 8	東京地	下民6・7・1353	219
10.20	最高裁	民集9・11・1657	33
【昭和37年】			
8.30	最高裁	判時311・27	224
【昭和40年】			
4.27	東京高	下民16・4・770	210
11.16	最高裁	民集19・8・1970	14
【昭和41年】			
3. 2	最高裁	民集20・3・360	109
7.28	最高裁	民集20・6・1251	33

月日	裁判所名	出典等	ページ
【昭和42年】			
9.28	最高裁	民集21・7・1970	33
11.17	最高裁	民集21・9・2448	38,109
【昭和45年】			
1.22	最高裁	民集24・1・1	46
8.20	最高裁	裁判集民100・373	219
【昭和47年】			
11. 8	最高裁	民集26・9・1489	20,25
【昭和49年】			
9.10	大阪高	判タ313・271	220
【昭和51年】			
3.18	最高裁	民集30・2・111	120,132
【昭和53年】			
4.14	最高裁	民集32・3・601	50,57

月日	裁判所名	出典等	ページ	月日	裁判所名	出典等	ページ
				4.19	横浜地	判時1397・114	183
【昭和55年】				5.14	福岡地	判時1392・126	191
6.9	大阪高	判タ427・178	209,210				
9.30	札幌高	判タ427・180	219				
				【平成9年】			
				1.28	最高裁	判時1599・139	50
【昭和57年】							
3.30	東京地	判タ471・220	39	**【平成11年】**			
				3.24	大阪地	判時1741・150	183
				3.25	最高裁	民集53・3・580	221
【昭和58年】				8.6	浦和地	判タ1032・238	219
2.7	大阪高	判タ502・184	104				
6.14	大阪高	判タ509・226	219				
				【平成12年】			
				5.30	東京高	判時1750・169	252,267,277
【昭和63年】							
3.4	最高裁	金法1195・41	18				
6.28	長崎地	判時1298・145	43	**【平成13年】**			
				9.3	東京高	金判1136・22	95
【平成元年】							
4.20	京都地	判タ701・226	225	**【平成15年】**			
6.22	東京地	判時1315・3	183	12.1	東京地	判タ1152・212	24
7.3	東京高	金判826・3	230				
				【平成16年】			
【平成2年】				5.13	東京地	金判1198・18	190
4.17	最高裁	裁判集民159・449	43	7.1	最高裁	民集58・5・1214	94
4.17	最高裁	民集44・3・526	220				
【平成3年】							
2.19	長崎地	判時1393・138	230				

判例年次索引

月日	裁判所名	出典等	ページ

【平成18年】

| 4.10 | 最　高　裁 | 民集60・4・1273 | 246 |

【平成19年】

| 11.12 | 名古屋地 | 金判1319・50 | 253,274 |

【平成20年】

| 4. 8 | 福　岡　地 | 金判1320・27 | 176 |
| 11.28 | 大　阪　高 | 金判1345・38 | 54 |

【平成21年】

3.31	最　高　裁	民集63・3・472	228
4.22	広　島　地	金判1320・49	86,176
5.15	福　岡　高	金判1320・20	176

【平成22年】

| 6.17 | 名古屋高 | 資料商事316・198 | 43 |
| 7.20 | 東　京　地 | 金判1348・14 | 43,44 |

【平成23年】

| 1.26 | 東　京　地 | 判タ1361・218 | 219 |

【平成24年】

| 1.26 | 最　高　裁 | 家月64・7・100 | 121 |
| 1.26 | 最　高　裁 | 判時2148・61 | 141 |

月日	裁判所名	出典等	ページ
11.28	東　京　高	資料商事356・30	59
12.21	東　京　地	金判1408・52	43,44

【平成25年】

| 1.31 | 大　阪　地 | 判時2185・142 | 87,175 |

【平成26年】

| 9.26 | 東　京　地 | 金判1463・44 | 97,176 |

【平成27年】

2.19	最　高　裁	民集69・1・25	49,51
3.26	最　高　裁	民集69・2・365	86
7.16	大　阪　地	金判1478・26	174

【平成28年】

| 2. 1 | 東　京　地 | 平25（ワ）17329 | 239 |
| 3.28 | 東　京　地 | 判タ1437・209 | 250 |

【令和元年】

| 7.12 | 札　幌　高 | 金判1598・30 | 193 |
| 11.20 | 東　京　高 | 金判1584・26 | 39 |

【令和2年】

1.22	東　京　高	金判1592・8	252,267 274,277
9. 3	最　高　裁	裁時1751・1	224
9. 3	最　高　裁	民集74・6・1557	221

月日	裁判所名	出典等	ページ

【令和3年】

11.17	東 京 高	金判1635・14	214
11.24	東 京 地	令元（ワ）32635	214
11.25	東 京 地	判タ1503・196	193

【令和4年】

| 3.24 | 大 阪 高 | 金判1668・39 | 238 |
| 4.19 | 最 高 裁 | 民集76・4・411 | 64 |

【令和5年】

4.25	京 都 地	令3（ヒ）6 令3（ヒ）7	175
5.24	最 高 裁	裁時1816・7	176
5.24	最 高 裁	判タ1514・33	86

【令和6年】

| 4.19 | 最 高 裁 | 民集78・2・267 | 20,23 |

非上場株式の相続と会社法
 －評価・遺産分割・換価・
  経営参加の法律実務－

令和7年3月13日 初版発行

編 著 加 藤 真 朗
発行者 河 合 誠 一 郎

発 行 所	新日本法規出版株式会社
本　社 総轄本部	(460-8455) 名古屋市中区栄1－23－20
東京本社	(162-8407) 東京都新宿区市谷砂土原町2－6
支社・営業所	札幌・仙台・関東・東京・名古屋・大阪・高松 広島・福岡
ホームページ	https://www.sn-hoki.co.jp/

【お問い合わせ窓口】
新日本法規出版コンタクトセンター
📞 0120-089-339（通話料無料）
●受付時間／9：00～16：30（土日・祝日を除く）

※本書の無断転載・複製は、著作権法上の例外を除き禁じられています。
※落丁・乱丁本はお取替えします。　　　　ISBN978-4-7882-9478-3
5100355　非上場相続　　　　　　　　Ⓒ加藤真朗 2025 Printed in Japan